中华古籍保护计划

ZHONG HUA GU JI BAO HU JI HUA CHENG GUO

·成果·

圣贤的足迹 智者的启迪

孔府珍藏文献展图录

国家图书馆　孔子博物馆◎编

国家图书馆出版社

圣贤的足迹
智者的启迪
孔府珍藏文献展图录

Shengxian de Zuji
Zhizhe de Qidi
Kongfu Zhencang Wenxianzhan Tulu

孔子世家

金声玉振

杏坛设教

开宗儒学

诗礼传家

万世师表

保护传承

圣贤的足迹 智者的启迪

『孔府珍藏文献展』序言

国家图书馆馆长　韩永进

在公元前600到前300年间的那段时间里，人类的精神世界有了质的飞跃，古希腊有苏格拉底、柏拉图、亚里士多德；印度有释迦牟尼；以色列有犹太教的先知们……在中国，儒墨道法，百家争鸣，在激烈的思想交锋中碰撞出灿烂的文明火花。

百家之中，首推以孔子为创始人的儒家对后世中国和东亚文化圈影响最为深远广大。习近平总书记在纪念孔子诞辰2565周年国际学术研讨会暨国际儒学联合会第五届会员大会开幕会上这样评价："孔子创立的儒家学说以及在此基础上发展起来的儒家思想，对中华文明产生了深刻影响，是中国传统文化的重要组成部分。儒家思想同中华民族形成和发展过程中所产生的其他思想文化一道，记载了中华民族自古以来在建设家园的奋斗中开展的精神活动、进行的理性思维、创造的文化成果，反映了中华民族的精神追求，是中华民族生生不息、发展壮大的重要滋养。"

曲阜作为东鲁故都、圣人之门，是孔府、孔庙、孔林所在地，千百年来浸润于深厚的中华传统文化之中。2013年11月，习近平总书记在山东曲阜孔子研究院主持召开座谈会时特别指出："我到这里来，到曲阜、到孔子研究院，就是体现中央弘扬传统文化，建设社会主义核心价值体系的决心。"2016年3月，"山东曲阜优秀传统文化传承发展示范区"建设被列入我国"十三五"时期文化重大工程。这标志着有"东方圣城"之称的曲阜，不仅在中华民族辉煌的历史长河中举足轻重，也将在实现中华民族伟大复兴的中国梦道路上发挥重要作用。

2016年11月，国家图书馆（国家古籍保护中心）与曲阜市文物局签订战略合作框架协议。国家图书馆作为中华经典之渊薮、学术研究之津梁，是传承弘扬中华优秀传统文化的重要阵地。在国家重要文化工程“中华古籍保护计划”实施十周年之际，国家图书馆和曲阜市文物局以这两个项目为抓手，围绕孔子文化的保存保护与开发研究深入合作，拟在“中华古籍保护计划”框架内，重点开展孔子博物馆文献档案整理出版、古籍碑帖普查修复、三孔文化综合展览、“中华优秀传统文化实践基地”建设等一系列活动。

目前，该项合作推进十分迅速，成果颇为显著。其中，国家古籍保护中心在孔子博物馆挂牌成立“中华优秀传统文化实践基地”，开展了形式多样的文化活动。孔府旧藏古籍普查登记工作顺利完成，《孔子博物馆古籍普查登记目录》正式出版。孔府档案整理出版工作全面启动，《明代卷》出版在即。2017年9月，由国家图书馆、曲阜市人民政府、孔子博物馆共同主办的“圣贤的足迹 智者的启迪——孔府珍藏文献展”在国家典籍博物馆拉开帷幕。

此次展览分为“孔子世家”“金声玉振”“杏坛设教”“开宗儒学”“诗礼传家”“万世师表”“保护传承”七个部分。紧扣“圣贤的足迹，智者的启迪”这一主题，从孔子的身世与生活经历，孔子哲学、政治思想的基本观点，儒家学说的发端、发展、外传，孔子作为教育家的理念与成就，孔氏家族的历史地位与家风传承，历朝历代纪念孔子、推崇儒学的重要举措，“中华古籍保护计划”实施以来孔府文献的保护传承等方面，展现孔子及其学说对于中华民族绵延发展的巨大影响，以及当今文化工

作者的历史担当。

展览选取孔子博物馆和国家图书馆所藏文物、文献近百种。展出的64种77件（册）孔府文物中，仅国家一级文物就有19种23件，涵盖铜器、瓷器、竹木雕、玉石器、珐琅器、象牙器、书法绘画、印玺符牌、古籍雕版、档案文书等十几大类，尽显孔府“与国咸休安富尊荣公府第，同天并老文章道德圣人家”的华贵、庄严气象。特别值得一提的是，这是孔府高等级文物第一次离开曲阜，进行大规模、系统性集中外展，充分见证了国家图书馆（国家古籍保护中心）与曲阜市文物局的战略合作友谊。

国家图书馆配合展出馆藏文献31种38册（件），包含珍罕善本共13种14册（件）。其中宋刻十卷本《论语集说》，是国图馆藏最早的《论语》刻本。记载孔子家史的明嘉靖本《阙里志》，不但是该书有明确纪年的馆藏最早版本，还是孔府的家刻本。在“儒学外传”板块中，展出国图藏16世纪朝鲜大儒李珥的《栗谷文集》（朝鲜刻本）、日本光格天皇在位期间（相当于中国清代乾嘉时期）的和刻本《孔子家语》，以及一部1688年印刷于荷兰阿姆斯特丹，由法国人比埃尔·瓦萨雷特编写的法文著作《中国哲学家孔子的道德箴言》，反映孔子思想和儒家学说对于东亚文化圈乃至全世界的影响。

此次展览展出期间，恰逢中国共产党第十九次全国代表大会胜利召开。习近平总书记在大会报告中说：“中国特色社会主义文化，源自于中华民族五千多年文明历史所孕育的中华优秀传统文化，熔铸于党领导人民在革命、建设、改革中创造的革命文化和社会主义先进文

化，植根于中国特色社会主义伟大实践。”总书记将中国特色社会主义文化的源头，归于中华民族五千多年文明历史所孕育的中华优秀传统文化，指出中国共产党自成立之日起，既是中国先进文化的积极引领者和践行者，又是中华优秀传统文化的忠实传承者和弘扬者。这样掷地有声的论断，为在当今社会传承弘扬中华优秀传统文化提供了重要理论依据，将传承弘扬中华优秀传统文化的意义提到了新的历史高度。

在这样一个伟大的时间节点上，举办这样一场集思想性、时代性、文化性与观赏性于一体的高规格展览，不仅是贯彻党的十九大提出的推动中华优秀传统文化创造性转化、创新性发展的体现，也是落实《关于实施中华优秀传统文化传承发展工程的意见》的举措，无疑将国家图书馆（国家古籍保护中心）与曲阜市文物局两家单位的战略合作推向了阶段性高潮。两家单位以此次展览为契机，切实践行习近平总书记传承弘扬中华优秀传统文化、让古籍中的文字活起来的指示精神，深入挖掘以孔子和儒家文化为代表的中华优秀传统文化中蕴含的思想观念、人文精神、道德规范，结合当今时代要求，继承创新，通过展览这一贴近大众、贴近青年的表现形式，让中华优秀传统文化展现出永久魅力与时代风采。

这次有益尝试与文献保护、整理、展览、揭示、出版、传播能力相结合，必能进一步构建出新的模式，既传承经典又贴近时代，既传播文化又带动产业，既涵养精英又教育大众。从坚定文化自信、担负文化使命、实践文化创造、推动文化进步四个维度，推陈出新，促进中华优秀传统文化的创造性转化与创新性发展，激励当代中国人不忘本来、走向未来。

2018 年 3 月

诗礼传家久 文章化物长

『孔府珍藏文献展』序言

孔子博物馆馆长　孔德平

自伏羲画卦、仓颉造字以来，中华文明光灿耀世，盖有赖于文以载道、道以统万者多矣。《易传》曰：“上古结绳而治，后世圣人易之以书契，百官以治，万民以察，盖取诸夬。”由是“三坟、五典、八索、九丘”出，圣人之忧天下来世其至矣！孔子祖述尧舜，宪章文武，修《诗》《书》，订《礼》《乐》，赞《周易》，作《春秋》，设教弘道，尊为至圣先师、万世师表。论藏书，说文章，古往今来，环宇而顾，未有甚于孔氏者也！谚曰：户多藏书子孙贤。孔子诗礼传家，遗风流韵，泽被百世，后裔子孙，芝兰玉树，人才辈出。“安富尊荣公府第，文章道德圣人家”之孔府，号称“天下第一家”，其所藏古籍之丰、保存文献之珍，自当为历代所瞩目，而世人难得一睹真容，亦在情理。孔氏藏书，远踪秦汉，有“鲁壁藏书”之传；近踪宋明，有“奎文藏书天下莫备”之说。迨至有清一代，超迈前朝所藏者甚矣。然近代以来，世事乖舛，国族多难，孔氏藏书，亦未能独善。

盛世崇文，当此我中华民族伟大复兴之际，馆藏古籍文献备受重视，孔府文物档案馆被列入全国古籍重点保护单位和山东省古籍重点保护单位，孔氏历代所藏古籍文献由此得以完全统计整理，计凡各类古籍 6400 余部 40000 余册，古籍雕版 4000 余块。其中在级古籍 106 种 2400 余册，包括一级文物 5 种、二级文物 52 种、三级文物 49 种。迄今已有 13 部古籍入选《国家珍贵古籍名录》，47 部入选《山东省珍贵古籍名录》。孔子世家档案乃孔府留存近 5 个世纪的孔氏家族私家档案，内容宏富，所涉广博，凡 9021 卷，

25万余件，另有散档5万件左右，总量超30万件，此等文献，价值不言而喻。上述古籍文献犹处金匮石室，乍然一现，世人翘首。

去年金秋，孔子博物馆与国家图书馆签署战略合作之约，优势互补，平台连用，共谋文化大业。由国家图书馆出版社出版《孔子博物馆古籍普查登记目录》已于数月前面世，《孔府档案全集·明代卷》业已编辑初成，双方合作可谓牛刀小试，开局良好。今秋9月，国家典籍博物馆第一展厅举办“圣贤的足迹　智者的启迪——孔府珍藏文献展”，是国家图书馆与孔子博物馆合作的又一成果。此展览以孔府馆藏古籍和孔子世家档案为主展内容，附之以孔府馆藏珍贵的祭祀礼器等文物，再配之以国家图书馆所藏宋版图书等珍贵古籍文献，可谓文华荟萃，一时之盛，为学界所称焉，或曰：孔家珍品，藏在深闺人不识，一朝声动京华。与其事者，皆有荣焉，于今后合作更多有期许。

某幸而生为孔子第77代孙，忝位孔子博物馆馆长一职，蒙诸方抬爱，仰圣祖荣光，聊作数语，勉当其序，可否云尔？

丁酉年冬

前言

“千年礼乐归东鲁，万古衣冠拜素王。”孔子是我国古代伟大的思想家、教育家。他开宗儒学，倡导仁者爱人、为政以德、天下为公、中庸之道等主张，经历代发展完善，成为中华民族传统文化的主干和基石，被后世统治者奉为维护长治久安的不二法宝。他周游列国，历尽坎坷，百折不回，积极践履入世精神；修订六经，维护礼乐，为华夏文明存脉；杏坛讲学，有教无类，打破“学在官府”，对于中华文化的普及传承厥功至伟，可谓德配天地，道冠古今，堪称大成至圣，万世师表。

孔子的儒家思想影响波及东亚、东南亚、欧美以及全球其他地区，为世界文明提供了丰厚滋养，具有普世价值。瑞典科学家、诺贝尔物理学奖获得者汉内斯·阿尔文博士曾说：“人类要生存下去，就必须回到二十五个世纪以前去汲取孔子的智慧。”诚哉斯言！

目录

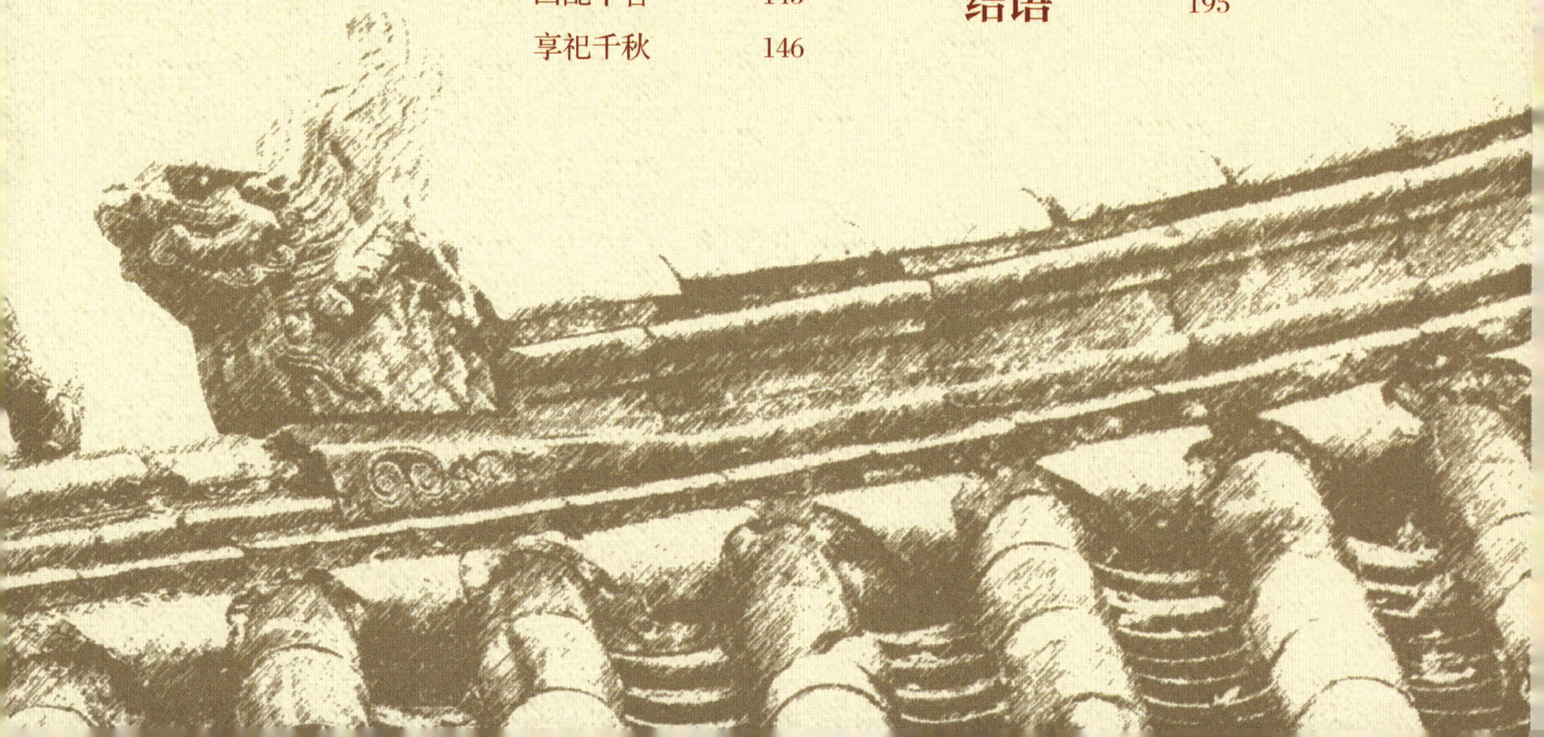

圣贤的足迹
智者的启迪

孔府珍藏文献展图录

Shengxian de Zuji
Zhizhe de Qidi

Kongfu Zhencang Wenxianzhan Tulu

第一单元

孔子世家

Kongzi Shijia

胄出殷宋

孔子（前 551—前 479），名丘，字仲尼，春秋时期鲁国人。先祖是商朝开国君主商汤，周初为安抚商朝的贵族及后裔，周公以周成王之命，封商纣王的庶兄微子启于商丘，建立宋国，奉殷商祀。

孔子的先世为宋国贵族，多有名德。十世祖弗父何把君王之位让给了厉公，弗父何及子孙则世为宋卿。弗父何之孙正考父历事三朝，辅佐戴公、武公和宣公，温和恭谨。正考父之子孔父嘉是宋国的贤大夫，在宫廷内乱中被太宰华督所杀。孔父嘉子孙降为士，以孔为姓，迁至鲁地陬邑生活。孔父嘉生木金父，木金父生睾夷，睾夷生孔防叔，孔防叔的孙子叔梁纥就是孔子的父亲。

人　物	关　系
微子启	周公平管蔡之乱，命微子启代殷后奉其先祖，国于宋，为宋国始祖，号宋公。
微　仲	微子启之弟，继其兄之位，为宋国国君。
宋公稽	微仲之子，袭父位为宋国国君。
丁公申	宋公稽之子，袭父位为宋国国君。
缗公共	丁公申之子，袭父位为宋国国君。
弗父何	缗公共之长子，因让位于弟鲋祀（厉公），为宋国大夫。
宋父周	弗父何之子，为宋国大夫。
世子胜	宋父周之子，为宋国大夫。
正考父	世子胜之子，为宋国大夫。
孔父嘉	正考父之子，为宋国大司马。
木金父	孔父嘉之子，为避华督之乱到鲁地。
睪　夷	木金父之子。
防　叔	睪夷之子。
伯　夏	防叔之子。
叔梁纥	伯夏之子，为陬邑大夫，生孟皮和孔丘。

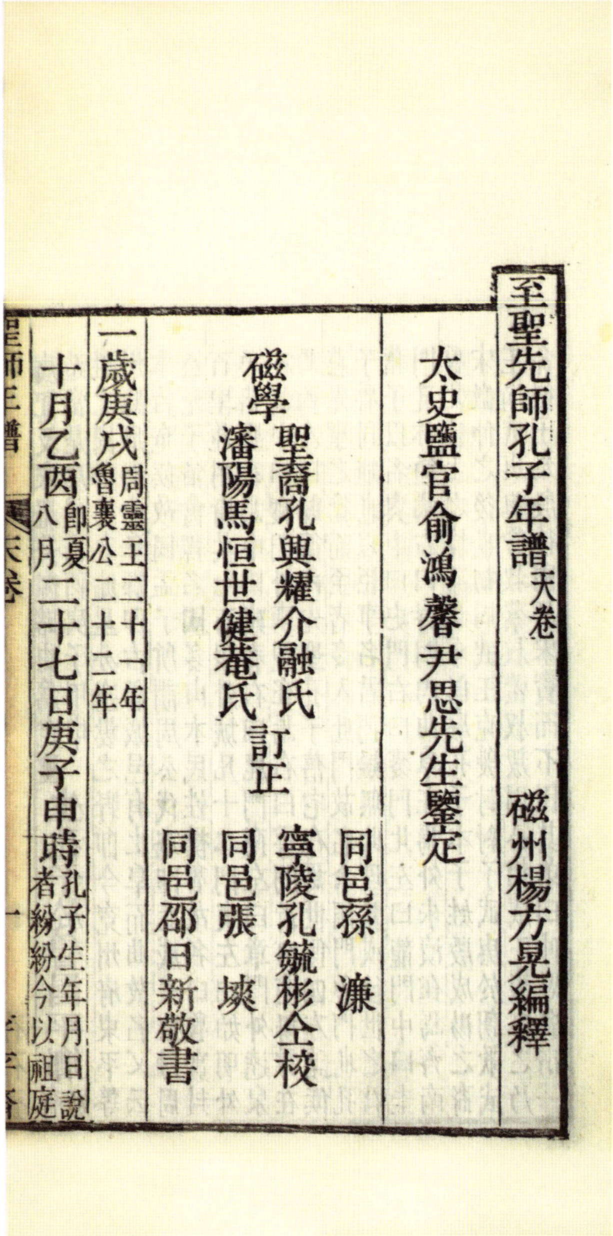

至聖先師孔子年譜 天卷

磁州楊方晃編釋

太史監官俞鴻馨尹思先生鑒定

同邑孫 濂

磁學 聖裔孔興耀介融氏

瀋陽馬恒世健菴氏 訂正

寧陵孔毓彬仝校

同邑張 埉

同邑邵日新敬書

一歲庚戌 周靈王二十一年 魯襄公二十二年

十月乙酉 即夏八月二十七日庚子申時 孔子生年月日說者紛紛今以祖庭

至圣先师孔子年谱五卷首一卷末一卷

（清）杨方晃撰　清雍正十三年至乾隆二年（1735-1737）刻本

孔子集先人之大成，被史学大师钱穆誉为“中国历史上第一大圣人”。数千年来，围绕着孔子及其学说产生了诸多著作，本书即是其中之一。

孔子博物馆藏

孔子家语十卷

（三国魏）王肃注　明刻本

本书最早著录于《汉书·艺文志》，相传为孔子弟子所作，与《论语》同为记载孔子言论的著作，书前有孔安国、王肃等序三篇，是研究孔子与儒学早期发展的宝贵资料。

国家图书馆藏

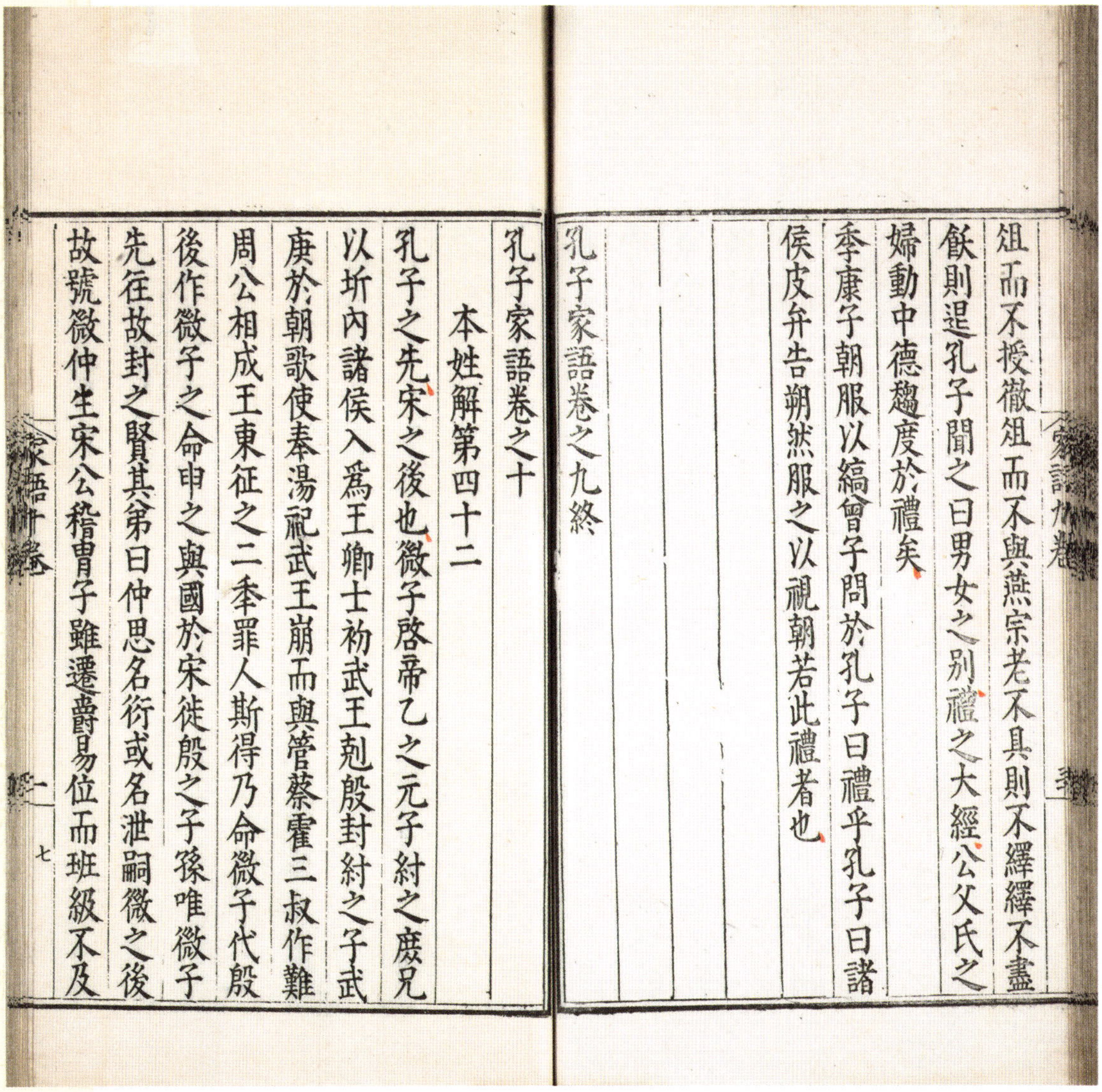
俎而不授徹俎而不與燕宗老不具則不繹繹不盡
飫則退孔子聞之曰男女之別禮之大經公父氏之
婦動中德趨度於禮矣
季康子朝服以縞曾子問於孔子曰禮乎孔子曰諸
侯皮弁告朔然服之以視朝若此禮者也

孔子家語卷之九終

孔子家語卷之十

本姓解第四十二

孔子之先宋之後也微子啓帝乙之元子紂之庶兄
以圻內諸侯入爲王卿士祕武王克殷封紂之子武
庚於朝歌使奉湯祀武王崩而與管蔡霍三叔作難
周公相成王東征之二季罪人斯得乃命微子代殷
後作微子之命申之與國於宋徙殷之子孫唯微子
先在故封之賢其弟曰仲思名衍或名泄嗣微之後
故號微仲生宋公稽胄子雖遷爵易位而班級不及

尼丘诞圣

叔梁纥的妻子施氏，生了九个女儿。妾室虽然为他生了儿子孟皮，却患有足疾。后来叔梁纥与本地望族颜氏结姻，娶了颜氏小女儿颜徵在，颜徵在就是孔子的母亲。相传孔子出生时头顶凹陷，又因叔梁纥与颜徵在曾在尼丘山求子，故取名为“丘”，字“仲尼”。

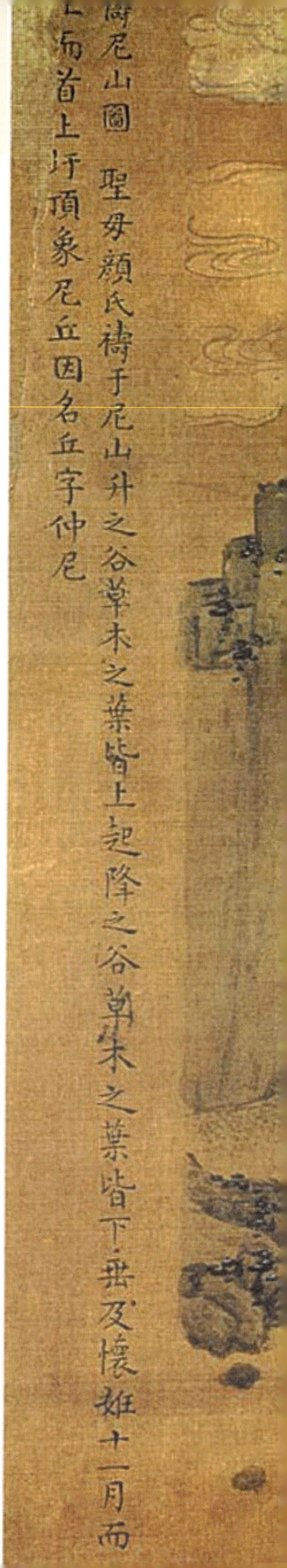

祷尼山图

圣迹图·钧天降圣

明代　一级文物

绢本设色册页，彩绘“钧天降圣”故事情景。

孔子博物馆藏

移居阙里

孔子三岁丧父，母亲颜徵在带着孔子移居阙里，定居下来。孔子的家庭教育，主要来自母亲。虽然生活清苦，但是孔子资性非凡，幼时“常陈俎豆，设礼容”。颜徵在去世后，孔子把母亲装殓在五父之衢，后又迁往防山，与父亲合葬一处。鲁昭公九年（前 533），孔子 19 岁，迎娶了宋人亓官氏为妻。一年后，亓官氏生子，鲁昭公派人赐鲤鱼表示祝贺，为感念国君赏赐，孔子遂为儿子取名“鲤”，字伯鱼。

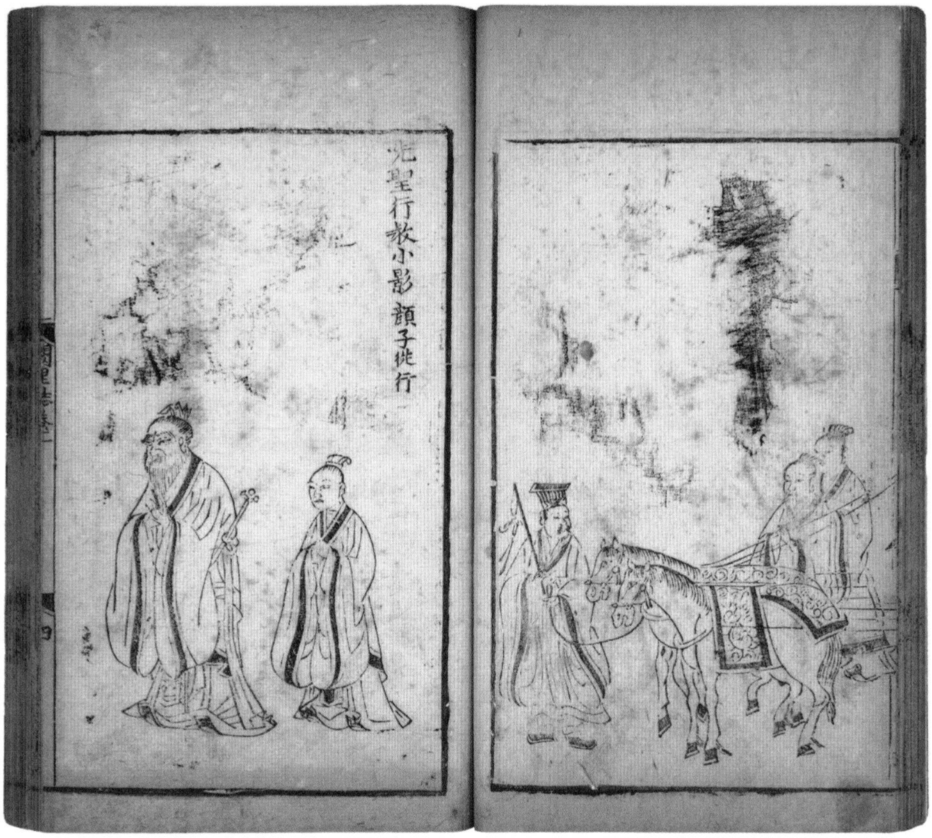

阙里志二十四卷

（明）孔弘幹续修　明嘉靖三十一年（1552）孔承业刻本

本书分为图像志、礼乐志、世家志、事迹志、祀典志、人物志等，分类编排，图文并茂，较为系统地介绍了孔子生平、林庙、祭典、历代尊崇和孔子后裔等。《阙里志》原为明代陈镐撰写，刊于弘治十七年（1504），孔子第六十一代孙孔弘幹续修为二十四卷，后经第六十五代孙衍圣公孔胤植重纂。

国家图书馆藏

登降俯仰
有容有儀
不學而能
不聞而識
化洽羣童
名傳列國

史記孔子生
而叔梁紇死
孔子爲兒嬉
戲常陳俎豆
設禮容
聖父兒嬉
俎豆是持

司寇相鲁

孔子曾经做过大贵族季氏家中的委吏，出纳粮食及财务全都算得准确。他还任过乘田，将牲畜管理得井井有条。还在阙里设坛讲学，在当时被公推为博物的君子。后来鲁国发生内乱，孔子离开鲁国，在齐国受到了齐景公的赏识，这也招致了齐国大夫的嫉恨，于是他又回到鲁国。

当时的鲁国由季氏家臣阳虎把持朝政，阳虎僭越礼法，背离正道。孔子不满现实，遂退隐而修《书》《礼》《乐》，不久被鲁定公命为中都宰，鲁国大治。又升至司空、大司寇。鲁定公十年(前500)，鲁定公与齐景公会于夹谷，孔子使齐国归还了鲁国被侵占的汶阳等地。鲁定公十四年（前496)，孔子以大司寇的身份代行宰相之事，不久，百姓安居乐业，路不拾遗，器不雕伪。

孔子为鲁司寇图

明代　一级文物

绢本设色。彩绘孔子礼冠玄衣，浓须张目，神态威猛，正气凛然，形神兼备。画上方题赞：“大哉宣圣，斯文在兹。帝王之式，古今之师。志则春秋，道繇忠恕。贤于尧舜，日月其誉。维时载雍，戢此武功。肃昭盛仪，海内聿崇。”赞后朱文印一方，印文“虚斋”。画左上方朱文印一方，印文不辨。

孔子博物馆藏

微波榭丛书

（清）孔继涵辑　清乾隆曲阜孔氏刻本

微波榭是孔子六十九世孙孔继涵的书屋。孔继涵为乾隆进士，官至户部主事，好天文地志算术之书，遇藏书罕见之本，必校勘付印，校刻《微波榭丛书》七种及《算经十书》，著有《五经字疑》及《水经释地》等。他精研“三礼”，藏书数十万卷，与藏书家李开先并称“江北二家”。

孔子博物馆藏

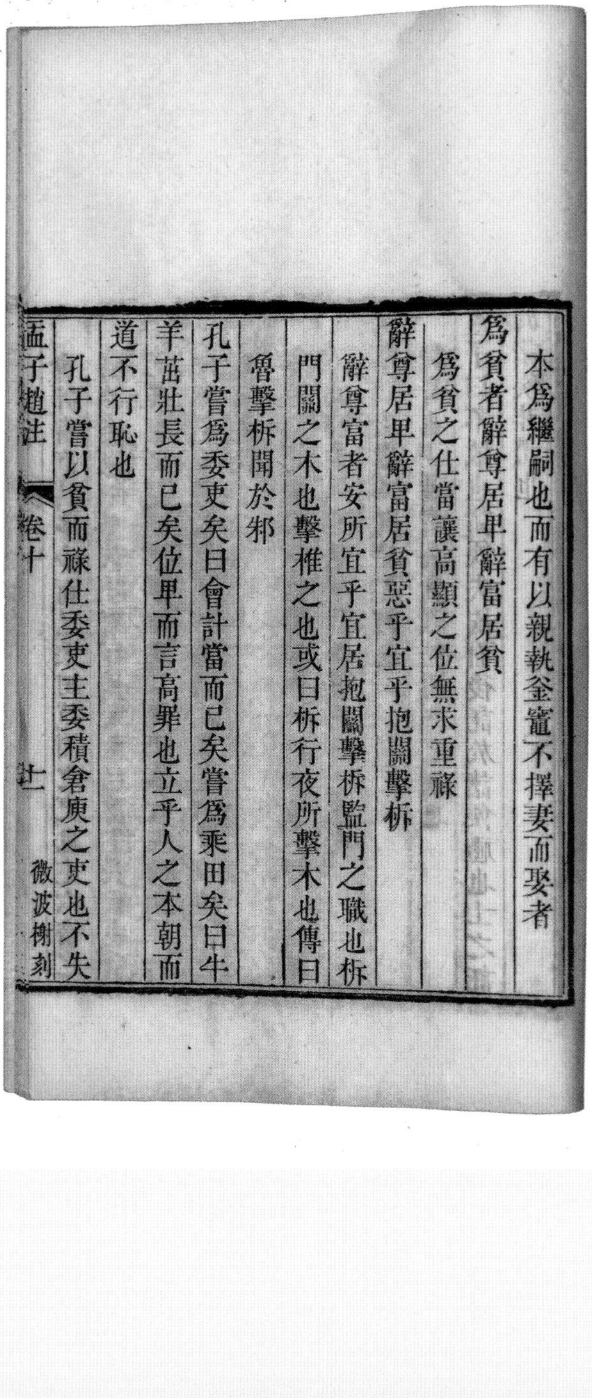

本爲繼嗣也而有以親執釜竈不擇妻而娶者
爲貧者辭尊居卑辭富居貧
爲貧之仕當讓高顯之位無求重祿
辭尊居卑辭富居貧惡乎宜乎抱關擊柝
辭尊富者安所宜乎宜居抱關擊柝監門之職也柝
門關之木也擊椎之也或曰柝行夜所擊木也傳曰
魯擊柝聞於邾
孔子嘗爲委吏矣曰會計當而已矣嘗爲乘田矣曰牛
羊茁壯長而已矣位卑而言高罪也立乎人之本朝而
道不行恥也
孔子嘗以貧而祿仕委吏主委積倉庾之吏也不失

孟子趙注　卷十　廿一　微波榭刻

問禮老聃圖 魯昭公二十四年癸未孔子年三十四歲與南宮敬叔適周見老聃而問禮焉老聃曰
子所言其人與骨皆已朽矣獨其言在耳且君子得時則駕不得時則蓬累而行吾聞之良
賈深藏若虛君子盛德容貌若愚去子之驕氣與多慾態色與淫志皆無益于子之身
吾之所以告子者若此而已

问礼老聃

周游列国

齐国惧怕鲁国强大，向鲁国赠送女乐文马。鲁定公沉溺女乐，不问朝政，对大夫们也缺乏礼数。孔子与鲁定公、季桓子等人在道德与政见上的分歧难以弥合，于是带着弟子们周游列国，辗转于卫、曹、宋、郑、陈、蔡、叶、楚等地，然而均未获得重用。14 年后，即鲁哀公十一年（前 484），年近七十的孔子被季康子迎回鲁国。孔子没有谋求仕途，开始整理删订“六经”。

去鲁图

子见南子图

问津图

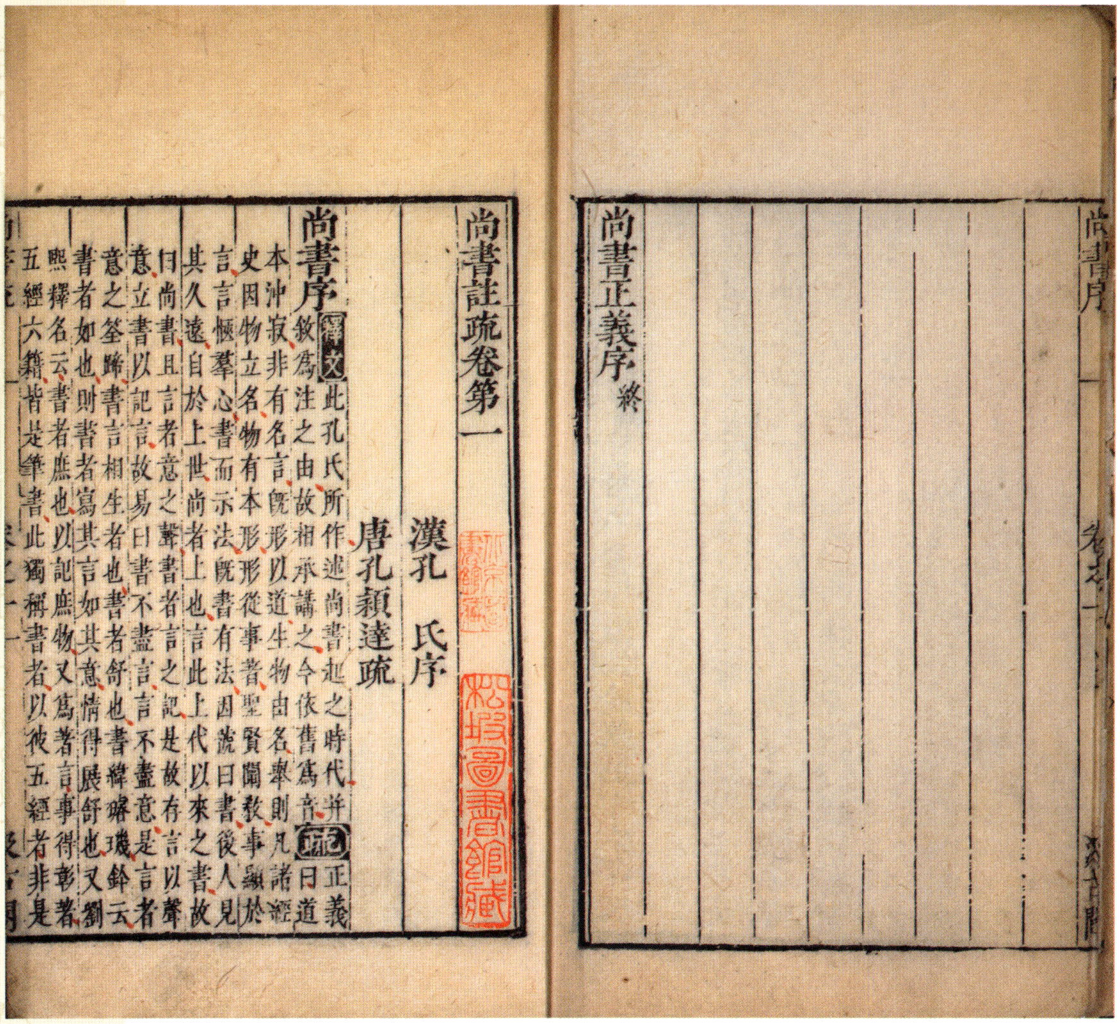
尚書註疏卷第一

漢孔　氏序

唐孔穎達疏

尚書序【釋文】此孔氏所作述尚書起之時代并敘爲注之由故相承講之今依舊爲音【疏】正義曰道本沖寂非有名言既形以道生物由名舉則凡諸經史因物立名物有本形形從事著聖賢闡教事顯於言言愜羣心書而示法既書有法因號曰書後人見其久遠自於上世尚者上也言此上代以來之書故曰尚書且言者意之聲書者言之記是故存言以聲意立書以記言故易曰書不盡言言不盡意是言者意之筌蹄書言相生者也書者舒也書緯璿璣鈐云書者如也則書者寫其言如其意情得展舒也又劉熙釋名云書者庶也以記庶物又爲著言事得彰著五經六籍皆是筆書此獨稱書者以彼五經者非是

尚書正義序終

尚书注疏二十卷

（汉）孔安国传　（唐）孔颖达疏　明末清初汲古阁刻本

《尚书》是我国现存最早的记载先秦历史文献和事迹的史书，分为《虞书》《夏书》《商书》《周书》，多为誓、命、训、诰等言辞，是我国思想文化的重要源头，相传由孔子编订，共100篇。孔安国，字子国，孔子第十一代孙，西汉大儒，曾为古文《尚书》作传。

国家图书馆藏

受困陈蔡

吴伐陈、楚伐蔡之际，楚昭王派人聘请孔子，孔子随即出发。陈、蔡大夫惧怕孔子为楚国所用，便将孔子围困在陈、蔡野外，孔子等人不得行，绝粮七日，许多弟子病倒不起，孔子仍旧弦诵不绝。子贡前往楚国，楚昭王出兵，孔子一行得以脱离困境。

韦编三绝

孔子晚年喜欢读《易》，阐述了《彖辞》《系辞》《象辞》《说卦》《文言》。孔子把《易》看了许多次，连简牍上的绳子也磨坏了多次。后人引申出『韦编三绝』，形容读书之勤奋。

楚王使聘图

子贡庐墓图

歌山而殁

孔子回到鲁国后，孔鲤、颜回相继去世。公元前 480 年，子路在卫国去世。孔子大病一场，子贡前来拜见。孔子在门外拄着拐杖，因叹而歌：“太山坏乎！梁柱摧乎！哲人萎乎！”他对子贡倾诉天下无道，却没有人遵循他的学说。孔子梦见自己像祖先殷商人那样，死后在厅堂的两柱之间停棺，预感到来日无多，七天后，溘然长逝，葬于曲阜城北泗水之滨。孔子的弟子们为他守孝三年，期满之后，大家互相拱手辞别，唯有子贡在墓旁的茅庐中，又守孝三年才肯离去。孔子的弟子和鲁国的百姓又在孔子墓地附近构筑房屋作为居所，称为“孔里”，每年都对孔子进行祭祀。孔子生前旧居也被改为孔庙，他的衣冠和使用过的书籍、古琴、马车也被留存了下来。

圣贤的足迹
智者的启迪

孔府珍藏文献展图录

Shengxian de Zuji
Zhizhe de Qidi

Kongfu Zhencang Wenxianzhan Tulu

第二单元

金声玉振

Jinsheng Yuzhen

仁者爱人

“仁爱”是中华民族最优秀的价值理念。孔子把“仁爱”作为礼乐文明的核心精神，“仁”就是爱人、利人，“己所不欲，勿施于人”。孔子认为“为仁由己”，每个人只要主观努力，都可以达到仁的道德境界。数千年来，由个人修身的“仁”、齐家的“仁”，推及到治国平天下的“仁”，这种精神早已渗透到中华民族的血液中，使中华文化崇尚亲和友善，具有强大的包容性，在与其他文明交流互鉴中，和平共处，不断融会发展。

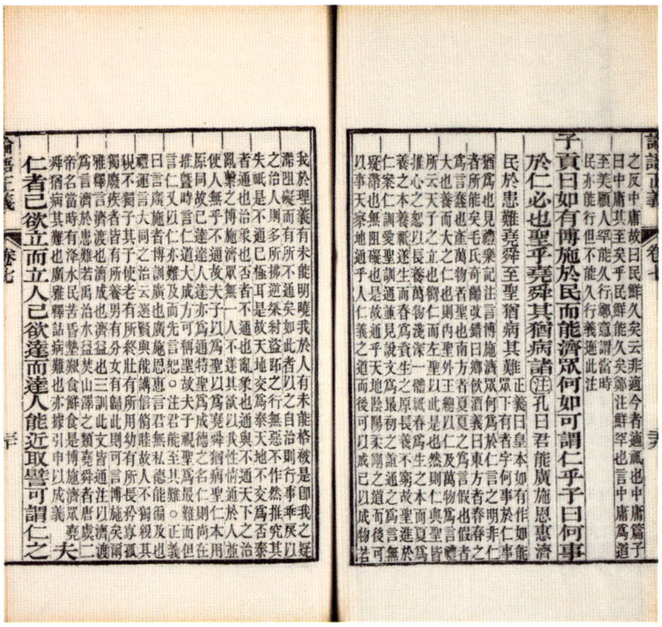
子貢曰如有博施於民而能濟衆何如可謂仁乎子曰何事於仁必也聖乎堯舜其猶病諸

夫仁者己欲立而立人己欲達而達人能近取譬可謂仁之

论语正义二十四卷

（清）刘宝楠撰　清同治五年（1866）刻重印本

“夫仁者，己欲立而立人，己欲达而达人”，意即仁者若想立身于世，就要也使别人能立身于世，自己想做事通达，就也使别人通达。

国家图书馆藏

为政以德

孔子曰："道之以政，齐之以刑，民免而无耻；道之以德，齐之以礼，有耻且格。"为政者不能仅仅依靠政令与刑罚治理人民，而应以伦理道德引导人民，以礼乐教化人民。德政的前提是为政者要"身正"，"其身正，不令而行；其身不正，虽令不从"。德政要求惠民、养民、利民，"因民之所利而利之"，使民以义。习近平指出："国无德不兴，人无德不立。"德政对于维护国家长治久安具有积极的现实意义。

苛政猛于虎

孔子路过泰山脚下，有一个妇人在墓前哭得很悲伤。孔子扶着车前的横木听妇人的哭声，让子路前去问那个妇人。子路问道：『您这样哭，实在像连着有了几件伤心事似的。』妇人就说：『没错，之前我的公公被老虎咬死了，后来我的丈夫又被老虎咬死了，现在我的儿子又死在了老虎口中！』孔子问：『那为什么不离开这里呢？』妇人回答说：『这里没有残暴的政令。』孔子说：『年轻人要记住这件事，苛刻残暴的政令比老虎还要凶猛可怕啊！』

天下为公

孔子批判其所处时代为“礼崩乐坏”的乱世，勾勒出他所追求的理想社会是“老有所终，壮有所用，幼有所长”“天下为公”的大同世界。这一理想对后世进步思想家们影响极大，康有为在《大同书》中设计了一个与现实社会相对立的理想“大同”境界，孙中山也将“天下为公”“以进大同”作为自己的革命目标。现代社会的“天下大同”就是各民族的优秀文化互相包容学习、合作共赢，“各美其美，美人之美，美美与共，天下大同”。

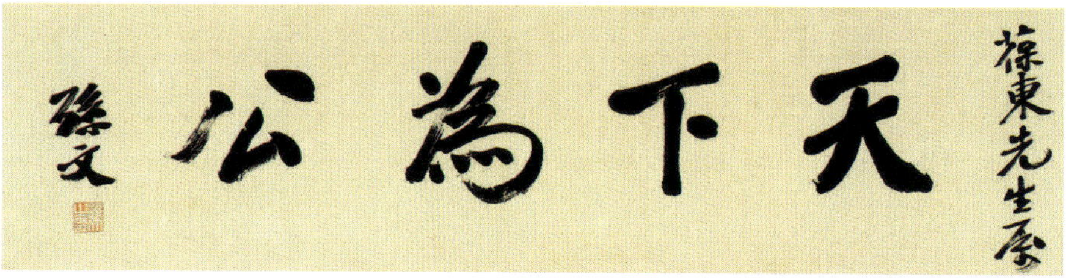

大戴礼记补注十三卷序录一卷

（清）孔广森撰　稿本

孔广森是清代著名学者，孔子第七十代孙。他少时师从戴震、姚鼐，博览群书，通经史、训诂、六书、九数。性情淡泊，耽于著述，著有《春秋公羊通义》《大戴礼记补注》《仪郑堂骈俪文》等。本书已被收入第三批《国家珍贵古籍名录》，是研究孔氏家族文化活动的重要资料。

孔子博物馆藏

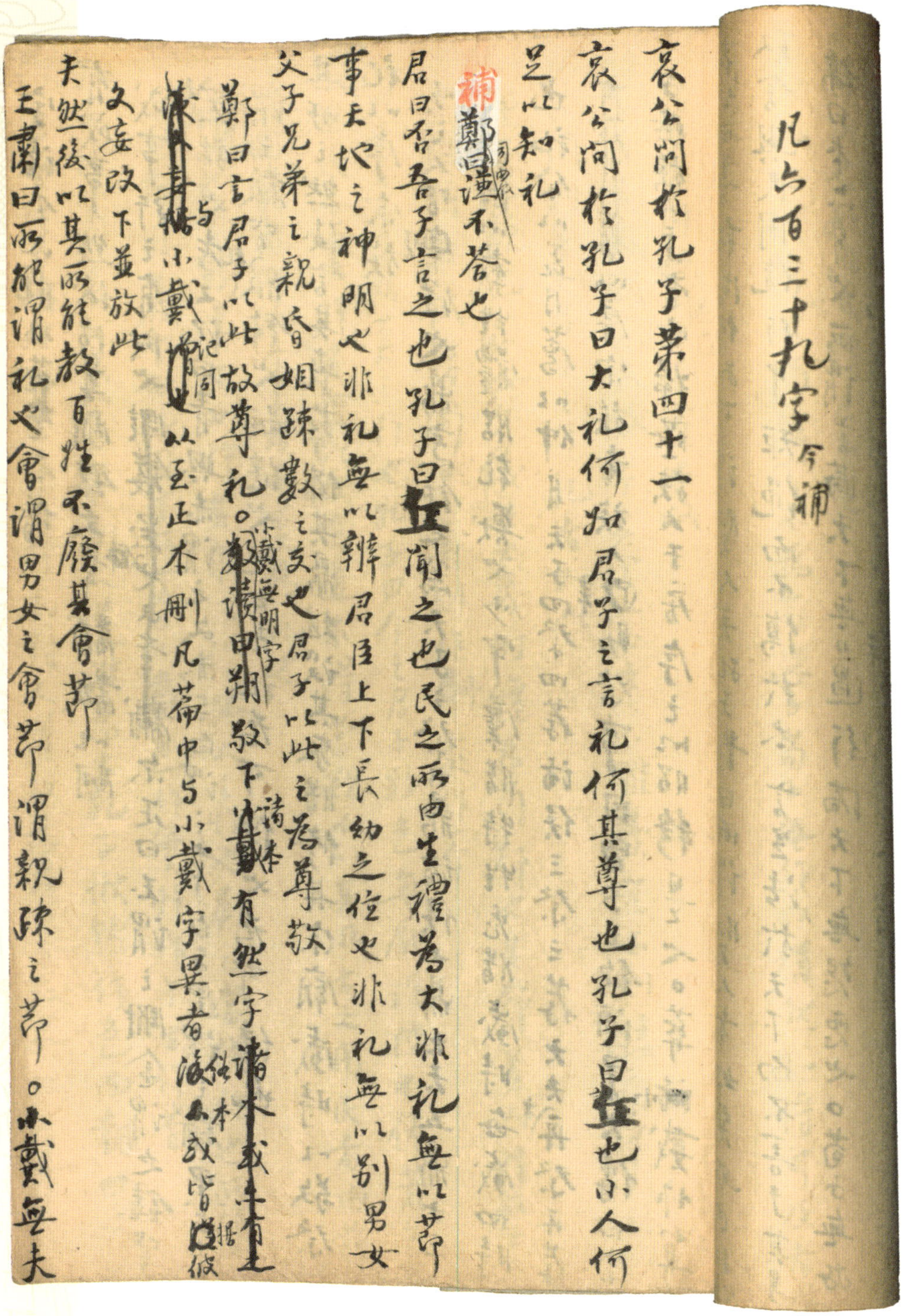

凡六百三十九字今補

哀公問於孔子第四十一

哀公問於孔子曰大礼何如君子之言礼何其尊也孔子曰丘也小人何足以知礼

補 鄭曰謙不荅也

君曰否吾子言之也孔子曰丘聞之也民之所由生禮為大非礼無以節事天地之神明也非礼無以辨君臣上下長幼之位也非礼無以别男女父子兄弟之親昏姻疏數之交也君子以此之為尊敬

鄭曰言君子以此故尊礼。小戴無明字 ……敬下諸本有然字 諸本或有之

……與小戴增……記同 以玉正本删 凡篇中与小戴字異者後倣此 文妄改下並放此

夫然後以其所能教百姓不廢其會節

王肅曰所能謂礼也會謂男女之會節謂親疏之節。小戴無夫

礼乐教化

春秋时期，周王室衰微，诸侯坐大，“礼崩乐坏”。孔子极力倡导恢复西周“礼乐”，希望回到“礼乐征伐自天子出”的“成康之治”时期，并主张纳“仁”入“礼”。孔子认为礼是“定亲疏、决嫌疑、别同异、明是非”的依据，具有“经国家、定社稷、序民人、利后嗣”的重大作用，所有一切都必须以礼为准绳，这就是孔子以西周为典型所概括的“为国以礼”。“礼”在孔子的思想体系中是同“德”分不开的，“道之以德，齐之以礼”，要双管齐下，才能治理好国家。

在齐闻韶图

“侯母”铭夔纹螭耳铜壶

西周时期

曲阜鲁国故城遗址 48 号墓出土　一级文物

青铜质。器呈卵形，平口短颈，腹鼓，圈足。盘龙钮盖，两侧各有小环耳，器身上部两侧各一螭首环耳，器腹下部两侧各一方形环耳。器身纹饰共分四层，从上至下分别为夔龙纹、叶脉纹、夔纹、叶脉纹；圈足饰垂鳞纹。盖沿和壶口各一周铭文，文曰：“侯母乍侯父戎壶用征行用求福无疆。”

孔子博物馆藏

“鲁中齐”铭夔纹兽首鋬四足铜匜

西周时期

曲阜鲁国故城遗址48号墓出土 一级文物

青铜质，器呈椭圆形似瓢，前流微翘，深腹圜底，兽首鋬，下有四个夔龙蹄形足。口沿及流下饰夔纹，腹饰瓦纹。匜内底铸铭文“鲁司徒中齐肇乍皇考自走父宝匜其万年眉寿子子孙孙永宝用享”。

孔子博物馆藏

“鲁中齐”铭鳞纹双耳三足铜鼎

西周时期

曲阜鲁国故城遗址48号墓出土　一级文物

青铜质，此器敛口平唇，双立耳，腹微鼓，圜底三蹄足。两耳外侧饰凹弦纹，颈饰重环纹，腹饰垂鳞纹。腹内壁铸有四竖行铭文“鲁中齐肇作皇考□鼎其万年眉寿子子孙孙永宝用享”。

孔子博物馆藏

中庸之道

“中庸”一词最先由孔子提出：“中庸之为德也，其至矣乎！”认为中庸为道德的最高境界。中庸的基本原则是“允执其中”，包括“中”与“和”两个方面，所谓“中”就是不偏不倚，无过无不及，要求做事恰到好处；所谓“和”就是调和、温和与和解，就是与人为善，反对粗暴和乖戾。中庸之道对中国社会和人们的行为准则产生了很大影响，中华文明，从发展方式上来讲，呈现为一种“中和式文明”，懂得恰当守中的适度原则，拥有和气致祥的安和力量，无论是面向自然还是面对社会，或者是安邦治国、调和世界，都是守住了根本大道。

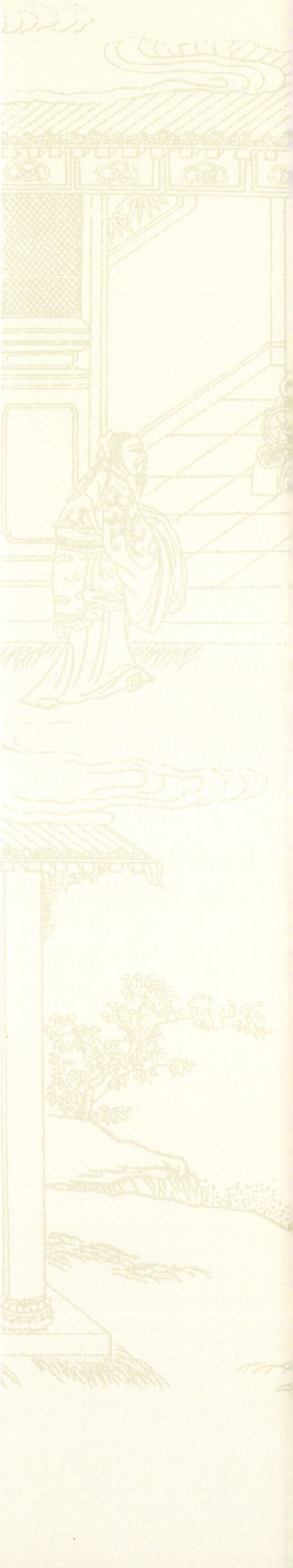

观欹器图

明代　一级文物

绢本设色，彩绘孔子以欹器寓意教育弟子之故事情景。画心上部楷书题：“孔子观于鲁桓公之庙有欹器焉问于守庙者此谓何器对曰此盖为宥坐之器孔子曰吾闻宥坐之器虚则欹中则正满则覆明君以为至诚□□置之于坐侧顾谓弟子曰试□水焉乃注之水中则正满则覆夫子喟然叹曰呜呼夫物有满而不覆者哉子路进曰敢问持满有道乎子曰聪明睿智守之以愚功被天下守之以让勇力振世守之以怯富有四海守之以谦此所谓损之又损之之道也。”左下朱文印三方，一印为“项墨林父秘笈之印”，另两印文不辨，右下角朱文印一方，印文不辨。

孔子博物馆藏

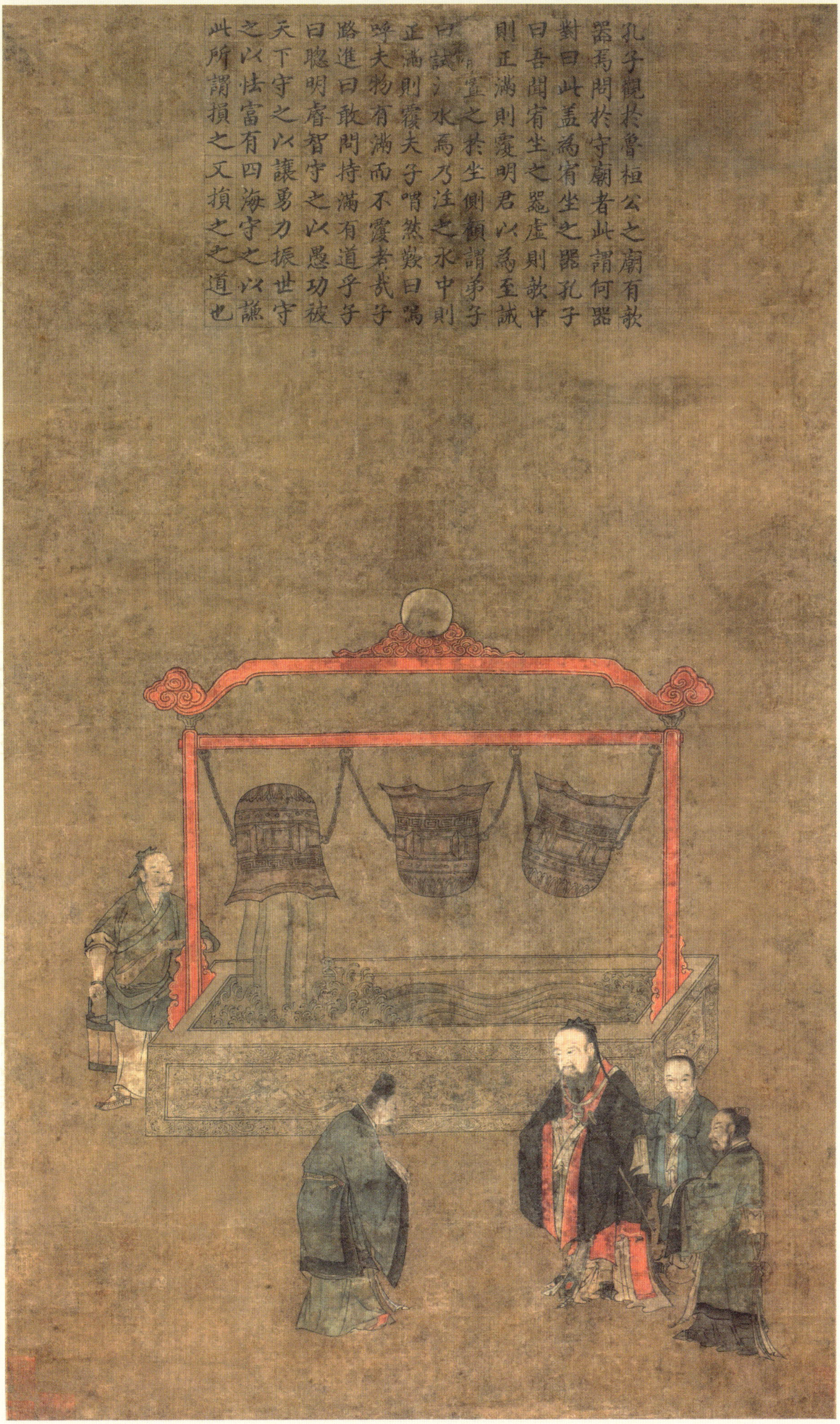
孔子觀於魯桓公之廟有欹
器焉問於守廟者此謂何器
對曰此蓋為宥坐之器孔子
曰吾聞宥坐之器虛則欹中
則正滿則覆明君以為至誠
宜之於坐側顧謂弟子
曰試注水焉乃注之水中則
正滿則覆夫子喟然歎曰嗚
呼夫物有滿而不覆者哉子
路進曰敢問持滿有道乎子
曰聰明睿智守之以愚功被
天下守之以讓勇力振世守
之以怯富有四海守之以謙
此所謂損之又損之之道也

见利思义

“义”即道德，亦即人的思想和行为合乎公认的社会准则;“利”是物质利益或功利。在义利关系上，孔子主张“义以为质”“义以为上”，认为道德价值高于物质利益，人的精神需要远比物质需要有意义。他不否定利的价值，认为“富与贵，是人之所欲也”“富而可求，虽执鞭之士，吾亦为之”。但孔子认为求利是有条件的，“不义而富且贵，于我如浮云”，不该“不义而富”“放于利而行”，而应该“见利思义”“见得思义”。

论语正义二十四卷

（清）刘宝楠撰　清同治五年（1866）刻重印本

“见利思义，见危授命，久要不忘平生之言，亦可以为成人矣”，意即见到利益时，能够想到道义；遇到危难时，能够献出生命，即使长期遭受困厄坎坷，仍不忘平生所立誓言，则可以称作完人了。

国家图书馆藏

若合左師苦成叔之比卞本魯邑檀弓弁人有其母死而孺子泣者即此卞也左傳齊歸孟穆伯之喪卞人以告則卞為孟氏之私邑非無稽言自注楚語魯有弁費謂孟孫季孫也冕弁之弁篆體作[illegible]隸變作亣因變成卞故漢書杜欽傳小弁作小卞東方朔傳以卞莊子為弁嚴其實弁卞一字周氏柄中典故辨正引江永說畧同案孟莊子以孝稱而外傳言莊子善事母亦一證也惟外傳言莊子赴敵而死又荀子言齊侯不敢過卞與左傳齊侯圍成去之之文不同並傳聞之異鄭注此云秦大夫不用周說原鄭之意當以陳軫對秦惠王言管莊子則卞莊子為秦人王氏塗四書地理考陳軫說君不必定引本國之人從魯為長。注加之以禮樂文成。正義曰言加以禮樂乃得成文故曰文之以禮樂

曰今之成人者何必然見利思義（注）馬曰義然後取不苟得見危授命久要不忘平生之言亦可以為成人矣（注）孔曰久要舊約也平生猶少時正義曰皇邢疏以日為夫子語文選曹植責躬詩注沈約別范安成詩注引此文曰上有子字蓋夫子移時復語也集注引胡說獨以為子路言於義似

圣贤的足迹 智者的启迪

孔府珍藏文献展图录

Shengxian de Zuji

Zhizhe de Qidi

Kongfu Zhencang Wenxianzhan Tulu

第三单元

杏坛设教

Xingtan Shejiao

创办私学

春秋以前，图书典籍由宫廷和官府掌握，学校亦由官府开设，只有贵族子弟才能享受学习和教育的权利。到了春秋末期，随着周王室日益衰微，地方诸侯国势力逐步强大，各地区之间经济、文化交流频繁，官学日趋没落，“天子失官，学在四夷”，这为民间出现私学创造了条件。孔子大开私家讲学之风，“游于缁帷之林，休坐于杏坛之上，弟子读书，孔子弦歌鼓琴”，打破了“学在官府”的教育垄断，使得上至贵族下至庶民，都有获得学习的权利和机会。从办学规模、教学内容、教育方法与目的，以及对于后世的影响等方面来看，孔子无疑是中国私学第一人。

东家杂记二卷

（宋）孔传撰　宋刻递修本

本书记载有关孔子的往事旧迹，文辞简约，上卷分九类，叙世系封爵，下卷分十二类，述孔庙古迹。史载宋真宗命孔道辅扩建孔庙，孔道辅遂移大殿于后，大殿旧基不欲毁拆，即以砖为坛，环植以杏，名曰杏坛。（图见第 38—39 页）

国家图书馆藏

孔子杏坛讲学图

杏壇說

昔周靈王之世魯哀公時夫子車從出國東門因覩杏壇逡巡而至歷級而上弟子侍列顧謂之曰茲魯將臧文仲誓盟之壇也覩物思人命琴而歌

歌曰

暑往寒來春復秋　夕陽西去水東流
將軍戰馬今何在　野草閑花滿地愁

诲人不倦

孔子学问渊博，多才多艺，又因为品德高尚，修养深厚，所以在当时被当作无所不知的圣人，受到弟子们的尊重与爱戴。然而他说："默而识之，学而不厌，诲人不倦，何有于我哉？"又说："若圣与仁，则吾岂敢？抑为之不厌，诲人不倦，则可谓云尔已矣。"表现出极大的谦逊。另一方面，他希望通过这种"诲人不倦"的言传身教方式，"循循然善诱人。博我以文，约我以礼，欲罢不能"，努力让弟子们获得更丰富的知识和更高尚的修养。孔子这种"诲人不倦"的施教理念，对于中国教育思想的形成与发展产生了极其深远而广泛的影响。毛泽东在《中国共产党在民族战争中的地位》一文中就曾指出："学习的敌人是自己的满足，要认真学习一点东西，必须从不自满开始。对自己，'学而不厌'，对人家，'诲人不倦'，我们应取这种态度。"

万仞宫墙

鲁国季氏家臣叔孙州仇曾在朝堂上说：『子贡的学问比孔子的还要渊博。』大夫子服景伯将此话转告给子贡，子贡说：『人的学问好比宫墙，我的这道墙不足肩头高，别人很容易看到里面有多少东西。我的老师这道墙有好几仞高，别人是看不到里面的东西的，只有找到门，走进去，才能看到墙内雄伟的建筑，可找到门的人太少了。』后世用『万仞宫墙』来形容孔子学问渊博。

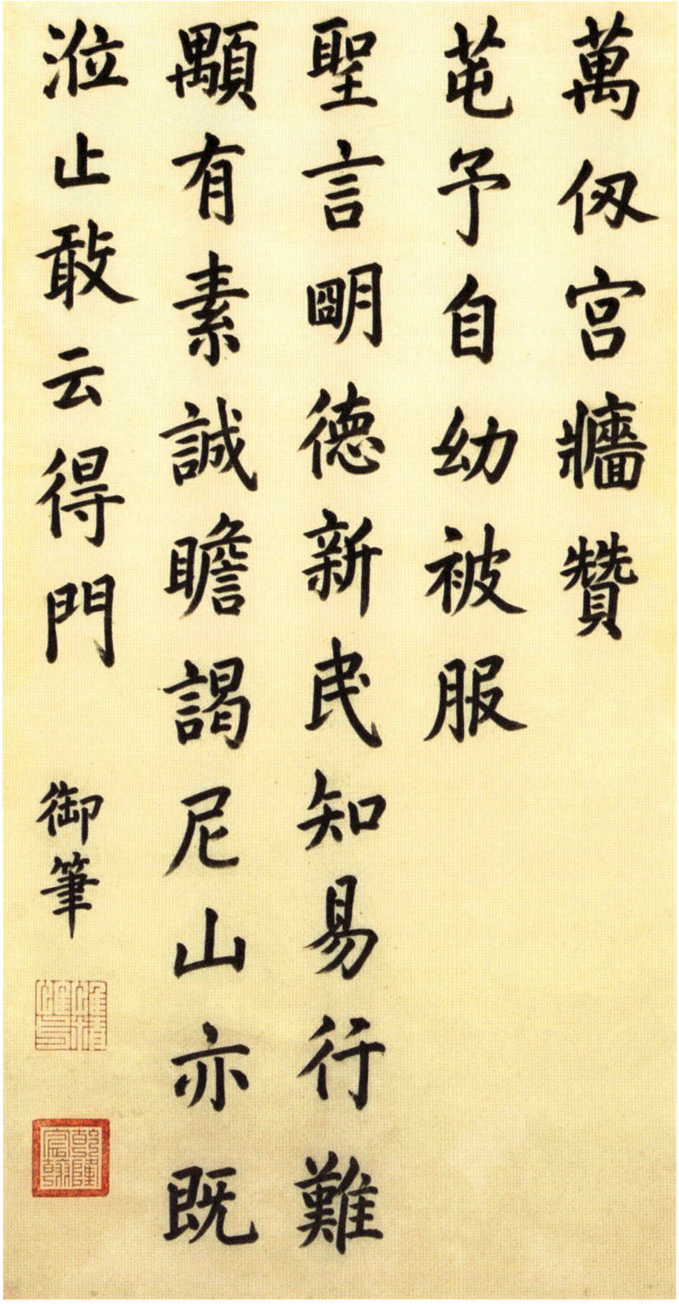
萬仞宮牆贊
苞予自幼被服
聖言明德新民知易行難
顯有素誠瞻謁尼山亦既
涖止敢云得門
御筆

清乾隆“万仞宫墙赞”轴

纸本墨书。此作布局因文而设，结体方正，用笔拘谨。款署“御笔”，白文印“惟精惟一”，朱文印“乾隆宸翰”。

孔子博物馆藏

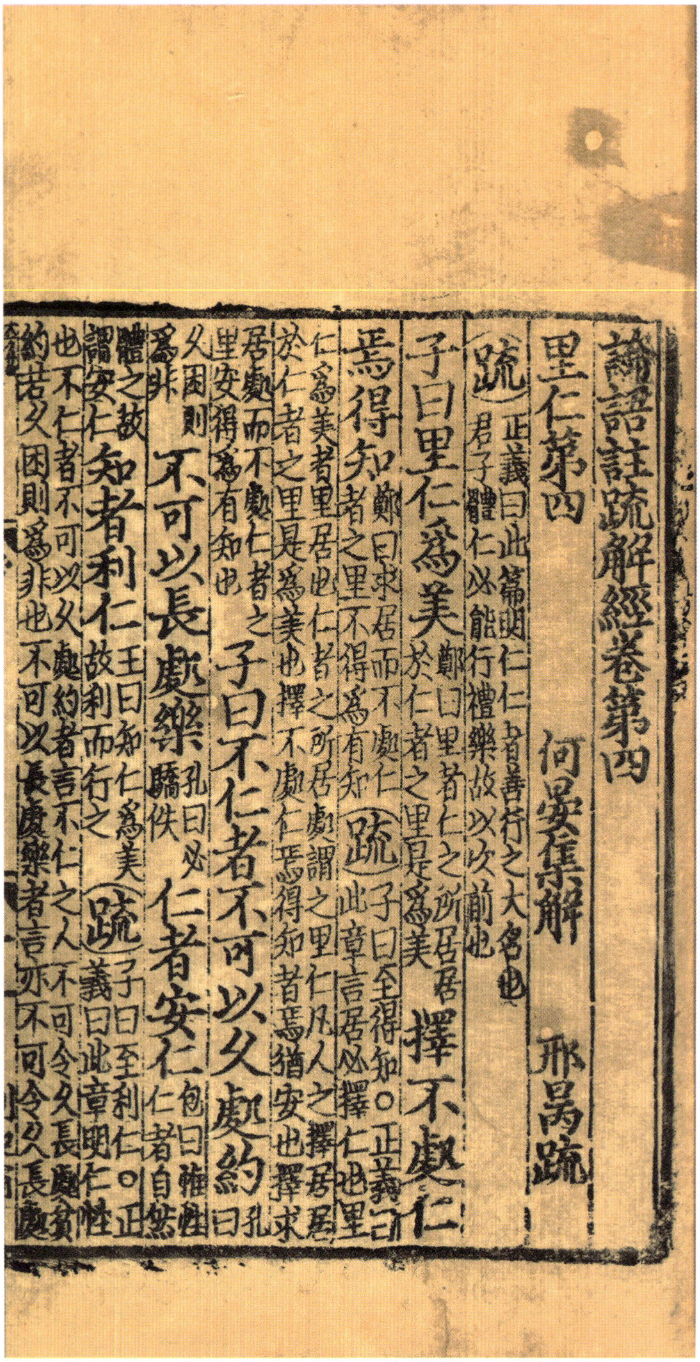

論語註疏解經卷第四　何晏集解　邢昺疏
里仁第四
疏　正義曰此篇明仁仁者善行之大名也君子體仁必能行禮樂故以次前也
子曰里仁爲美　鄭曰里者仁之所居居於仁者之里是爲美　擇不處仁焉得知　鄭曰求居而不處仁者之里不得爲有知　疏　子曰至得知○正義曰此章言居必擇仁也里仁爲美者里居也仁者之所居處謂之里凡人之擇居居於仁者之里是爲美也擇不處仁焉得知者焉猶安也擇求居處而不處仁者之里安得爲有知也　子曰不仁者不可以久處約　孔曰久困則爲非　不可以長處樂　孔曰必驕佚　仁者安仁　包曰惟性仁者自然體之故謂安仁　知者利仁　王曰知仁爲美故利而行之　疏　子曰至利仁○正義曰此章明仁性也不仁者不可以久處約者言不仁之人不可令久長處貧約若久困則爲非也不可以長處樂者言亦不可令久長處

论语注疏解经二十卷

（汉）何晏集解　（宋）邢昺疏　元泰定四年（1327）刻明修本

国家图书馆藏

学以致用

孔子主张学以致用。他批评那些只会死记硬背的学生说："诵诗三百，授之以政，不达；使于四方，不能专对。虽多，亦奚以为。"那些把《诗经》背得滚瓜烂熟的学生，让他处理政务，却不会办事；让他当外交使节，却不能独立地交涉。书读得再多，又有什么用呢？宋代理学大家程颐进一步阐发了孔子的这一观点，强调"穷经将以致用也"，并深刻指出："今世之号为穷经者，果能达于政事、专对之间乎？则其所谓穷经者，章句之末耳，此学者之大患也。"只有学以致用，用以促学，学用相长，才是掌握知识的最终目的。

有教无类

孔子招收学生，不论年龄、籍贯、出身、人品，只要一心向学，便来者不拒。相传孔子弟子三千，贤者七十二，这些弟子来自不同地方，有的出身贵族阶层，更多的则是来自平民家庭。在孔子看来，由于出身贫寒而没有接受过正规教育的青年，他不仅要欢迎，而且还有责任引导他们走上正确的学习道路。"有教无类"扩大了受教育者的来源和社会基础，对于文化的普及推广，提高社会成员素质起到了重要作用。

有教无类

《论语·述而》中记载：有一天，一个来自互乡的小男孩走进学堂要拜见孔子，互乡在当时是远近皆知的粗野之村，名声较差，众弟子都不主张孔子接收这个男孩，但孔子却力排众议，毅然收他为徒，并说：『他诚心诚意来见我，我只看他眼前的诚信，不问他以前的好坏。不要因为他的出身不好而去鄙视他，这样不是阻碍了他们想要改邪归正的意愿了吗？』

因材施教

孔子提倡因材施教，根据每个弟子的具体情况，采用不同的教育方法。即使弟子们请教的是相同的问题，孔子也并不预设答案，而是因人而异。曾经子路和冉有都向孔子请教，如果有了好的想法，是否需要立即施行，也即“闻斯行诸”。孔子却对二人给出了不同的答案。他让子路考虑家庭情况，不要马上施行，“有父兄在，如之何闻斯行之？”但却让冉有马上行动，“闻斯行之！”弟子公西华迷惑不解，认为老师讲话前后不一致，孔子回答说：“求也退，故进之；由也兼人，故退之。”即孔子认为冉求遇事总是退缩，需要鼓励，而子路好勇过人，需要进行约束。

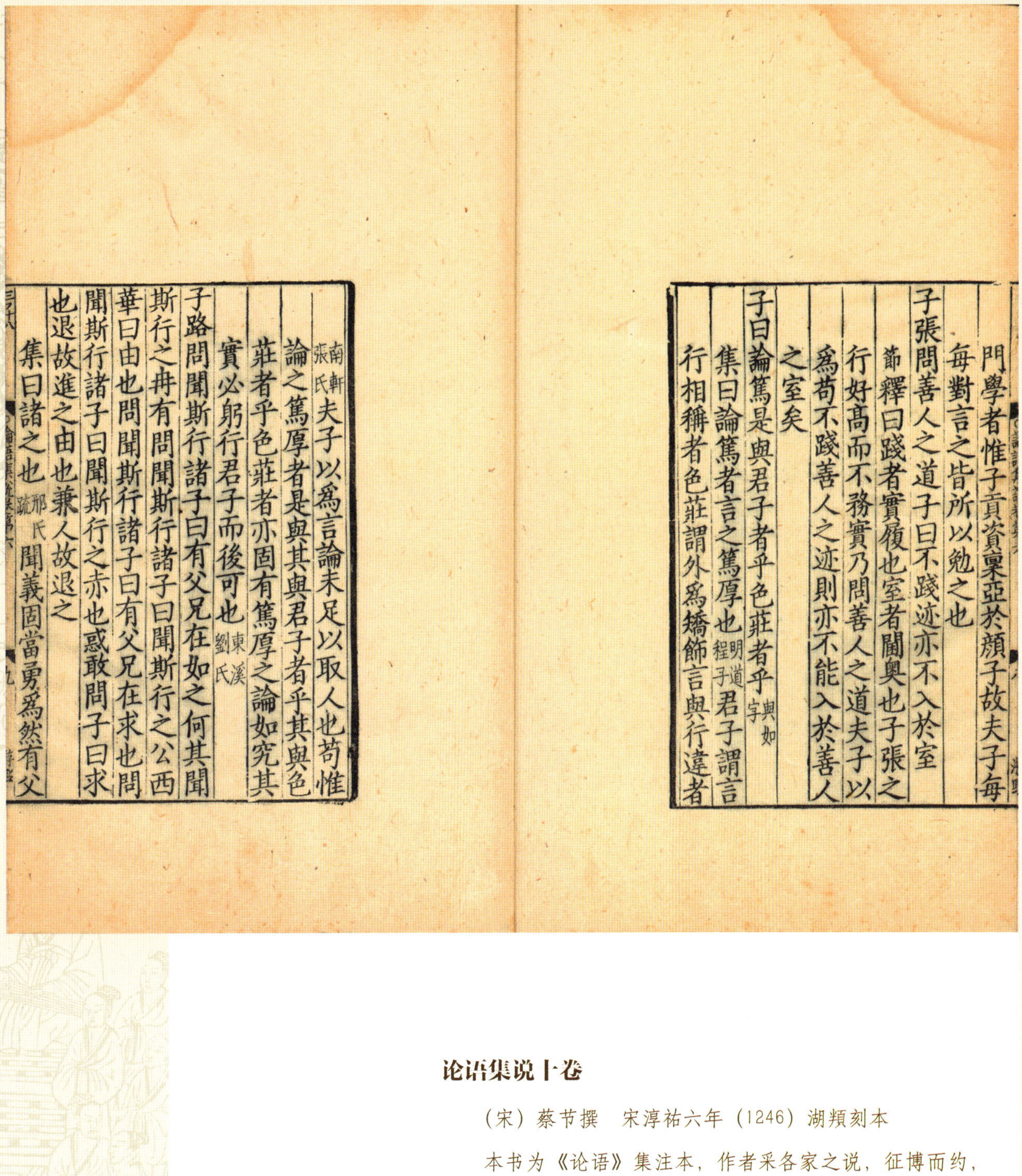

門學者惟子貢資稟亞於顔子故夫子每
每對言之皆所以勉之也
子張問善人之道子曰不踐迹亦不入於室
節釋曰踐者實履也室者閫奧也子張之
行好高而不務實乃問善人之道夫子以
爲苟不踐善人之迹則亦不能入於善人
之室矣
子曰論篤是與君子者乎色莊者乎與如字
集曰論篤者言之篤厚也明道程子君子謂言
行相稱者色莊謂外爲矯飾言與行違者

南軒張氏夫子以爲言論未足以取人也苟惟
論之篤厚者是與其與君子者乎其與色
莊者乎色莊者亦固有篤厚之論如究其
實必躬行君子而後可也東溪劉氏
子路問聞斯行諸子曰有父兄在如之何其聞
斯行之冉有問聞斯行諸子曰聞斯行之公西
華曰由也問聞斯行諸子曰有父兄在求也問
聞斯行諸子曰聞斯行之赤也惑敢問子曰求
也退故進之由也兼人故退之
集曰諸之也邢氏疏聞義固當勇爲然有父

论语集说十卷

（宋）蔡节撰　宋淳祐六年（1246）湖頖刻本

本书为《论语》集注本，作者采各家之说，征博而约，释文简赅。此本传世极罕，书内有翁同龢、翁斌孙题写的书签，有“东宫书府”“成亲王”“文渊阁”等印，流传有序。

国家图书馆藏

温故知新

子曰："温故而知新，可以为师矣。"温故知新是孔子提出的学习方法，他又说："学而时习之，不亦说乎！"孔子对于学习过的知识十分重视，主张学行并重，强调要经常重温和实践，从而发现和获得更多新鲜的东西。也即是说，只有肯于学习、研究，并具有一定创造能力与发现创新精神的人，才具备为师者的资格。孔子这句经典名言被后人广泛引用，含义也有了很大的拓展。一方面强调人们要不断学习，才能提高自己的学问和修养；另一方面是要以史为鉴，不管是个人还是国家的得失成败，都可以从过去获得有益的经验和教训，为政者要师法过去的历史，这样才能有助于判断未来新生事物的发展方向。

四书章句集注二十八卷

（宋）朱熹撰　宋嘉定十年（1217）当涂郡斋刻嘉熙四年（1240）淳祐八年（1248）十二年（1252）递修本

朱熹首次将《礼记》中的《大学》《中庸》与《论语》《孟子》并列，并为之集中作注，注重阐发义理，并将训诂和义理结合起来，再加以引申和发挥。本书为朱熹倾尽毕生精力之作，成为元、明、清三朝的官方教科书和科举考试的标准答案。

国家图书馆藏

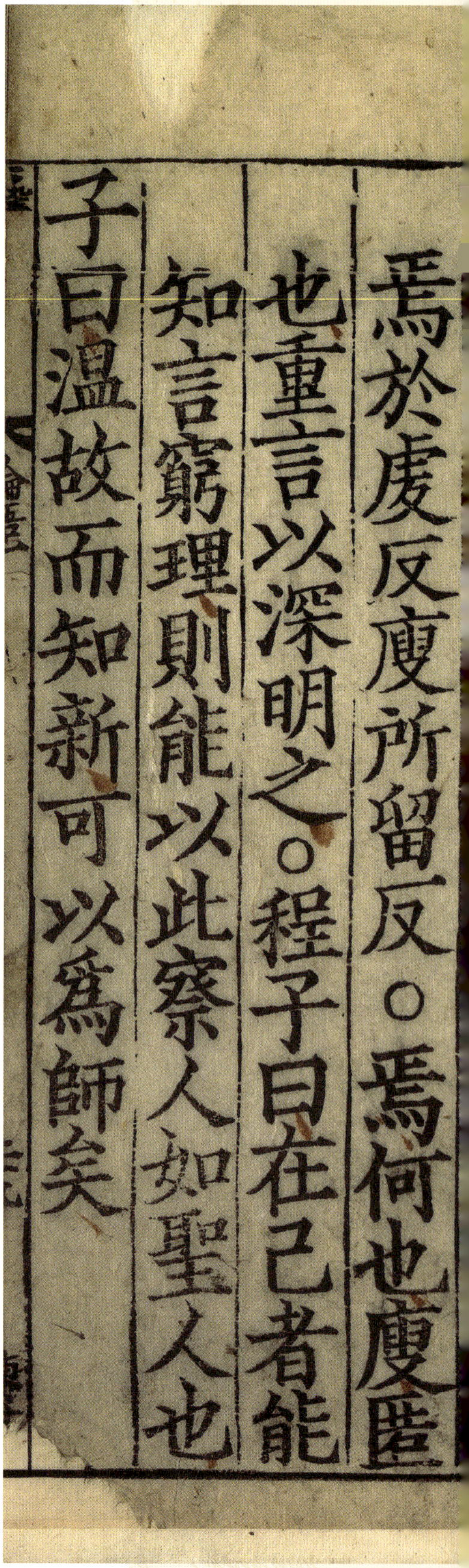
焉於虔反度所留反○焉何也廋匿
也重言以深明之○程子曰在己者能
知言窮理則能以此察人如聖人也
子曰溫故而知新可以爲師矣

以爲也爲善者爲君子爲惡者爲小
人
觀其所由
觀比視爲詳矣由從也事雖爲善而
意之所從來者有未善焉則亦不得
爲君子矣或曰由行也謂所以行其
所爲者也
察其所安
察則又加詳矣安所樂也所由雖善
而心所樂者不在於是則亦僞耳豈
能久而不變哉

圣贤的足迹
智者的启迪

孔府珍藏文献展图录

Shengxian de Zuji
Zhizhe de Qidi

Kongfu Zhencang Wenxianzhan Tulu

第四单元

开宗儒学

Kaizong Ruxue

周易經傳集程朱解附錄纂註卷第一

後學鄱陽董眞卿

周易上經

○東萊呂氏音訓曰按前漢藝文志
二篇顏師古曰上下經及十翼故十
預春秋左氏傳集解後序曰汲郡汲縣有發舊
得古書周易上下篇與今正同別有陰陽說而
文言繫辭疑于時仲尼造之於魯尚未播之於
然則戰國時易固分上下經矣繫辭上傳曰一
萬有一千五百二十所謂二篇則上下二篇也
子特易固分上下經矣以此考之易經之分上
於文王作周易之時近世晁氏編古周易乃合
一且謂後人妄有上下經之辨何其考之不詳

【解】
朱子曰周代名也易書名也其卦本伏羲所
易變易之義故謂之易其辭則文王周公所
之周以其簡袠重大故分為上下兩篇經則伏
文王周公之辭也并孔子所作之傳十篇凡十
間頗為諸儒所亂近世晁氏始正其失而未能
文呂氏又更定著為經二卷傳十卷乃復孔氏

【附錄】
朱子語問伏羲始畫八卦其六十四者文
重之耶抑伏羲已自畫了耶看先天圖則

中国传统文化，尤其是作为其核心的思想文化的形成和发展，大体经历了中国先秦诸子百家争鸣、两汉经学兴盛、魏晋南北朝玄学流行、隋唐儒释道并立、宋明理学发展等几个历史时期。从这绵延2000多年之久的历史进程中，我们可以看出这样几个特点。一是儒家思想和中国历史上存在的其他学说既对立又统一，既相互竞争又相互借鉴，虽然儒家思想长期居于主导地位，但始终和其他学说处于和而不同的局面之中。二是儒家思想和中国历史上存在的其他学说都是与时迁移、应物变化的，都是顺应中国社会发展和时代前进的要求而不断发展更新的，因而具有长久的生命力。三是儒家思想和中国历史上存在的其他学说都坚持经世致用原则，注重发挥文以化人的教化功能，把对个人、社会的教化同对国家的治理结合起来，达到相辅相成、相互促进的目的。

——习近平

2014年9月24日，习近平总书记在纪念孔子诞辰2565周年国际学术研讨会暨国际儒学联合会第五届会员大会开幕式上的讲话。

删订六经

“六经”是《诗》《书》《礼》《乐》《易》《春秋》六部儒家经学典籍的合称。孔子对“六经”的整理方式各不相同，分别来说，即删订《诗》，编次《书》，定《礼》《乐》，序《易》，修《春秋》。孔子之于“六经”，不仅是整理和编定，更有思想的阐释和理论的创立，他倡导仁，重视礼，把“六经”作为其仁、礼思想的主要载体，从而建立起儒家思想体系。

周礼尽在鲁

鲁国为周公旦之子伯禽封地，有讲习礼乐的传统，西周文物典籍保存完好。鲁昭公二年（前540），晋大夫韩宣子访鲁，观书后赞叹『周礼尽在鲁矣！』这不但对孔子重视礼乐文化思想的形成有很大影响，而且为删订六经提供了条件。

朕惟孔子以天纵之至德，集群圣之大成。尧舜禹汤文武相传之道，具于经籍者，赖孔子纂述修明之。

——（清）世宗胤禛

刪述六經圖 魯哀公十四年庚申孔子年七十二歲魯終不能用乃序書傳禮刪詩正樂序易彖象
繫說卦文言弟子蓋三千焉身通六藝者七十有七人

删述六经

毛诗诂训传三十卷

（汉）郑玄笺 （唐）陆德明音义 （唐）孔颖达疏 清光绪四年(1878) 淮南书局刻本

《诗经》是中国古代最早的一部诗歌总集，收集了西周初年至春秋中叶的诗歌。司马迁《史记》中写到“古者诗三千余篇，孔子去其重，取可施于礼义”，从而确定了“诗三百”的规模。孔子曾概括《诗经》思想为“无邪”，推崇《诗经》“怨而不怒”“温柔敦厚”的教育作用，并把《诗经》作为外交工具，认为“不学诗，无以言”。

国家图书馆藏

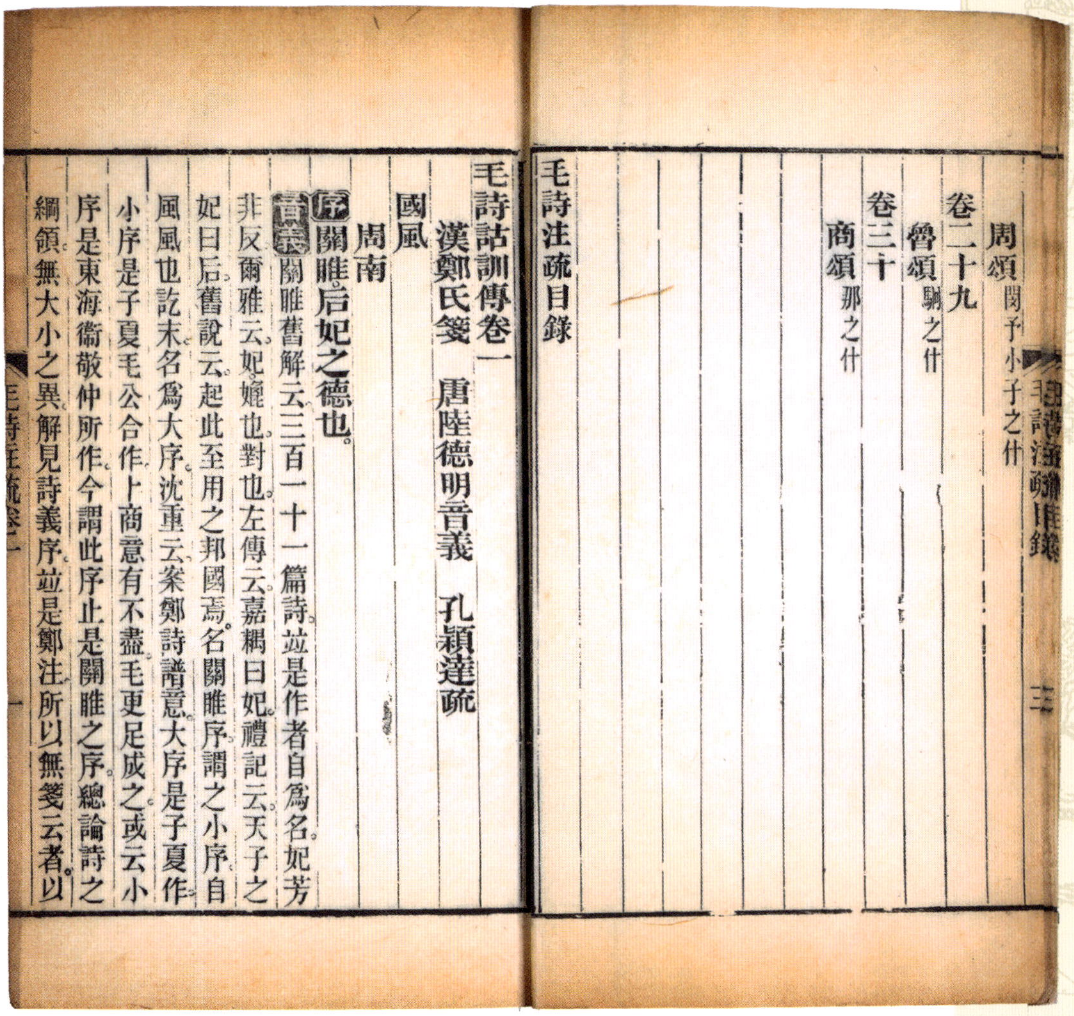
周頌 閔予小子之什
卷二十九
魯頌 駉之什
卷三十
商頌 那之什
毛詩注疏目錄
毛詩注疏目錄 三
毛詩詁訓傳卷一 漢鄭氏箋 唐陸德明音義 孔穎達疏
國風
周南
序 關雎后妃之德也。
音義 關雎舊解云三百一十一篇詩竝是作者自爲名妃芳非反爾雅云妃媲也對也左傳云嘉耦曰妃禮記云天子之妃曰后舊說云起此至用之邦國焉名關雎序謂之小序自風風也訖末名爲大序沈重云案鄭詩譜意大序是子夏作小序是子夏毛公合作卜商意有不盡毛更足成之或云小序是東海衛敬仲所作今謂此序止是關雎之序總論詩之綱領無大小之異解見詩義序竝是鄭注所以無箋云者以
毛詩注疏卷一 一

周易經傳集程朱解附錄纂註卷第一

後學鄱陽董真卿編集

周易上經

周易经传集程朱解附录纂注十四卷朱子易图附录纂注一卷朱子启蒙五赞附录纂注一卷朱子筮仪附录纂注一卷

（元）董真卿编集　元元统二年（1334）刻本

《周易》是在周代流传很广、影响很大的典籍。自称“从周”的孔子对其非常重视。孔子晚年喜读《易》，为《彖》《系》《象》《说卦》《文言》等作序。本书已被收入第二批《国家珍贵古籍名录》。

孔子博物馆藏

道统一脉

八派之儒

孔子之后，儒分为八，有子张之儒、子思之儒、颜氏之儒、孟氏之儒、漆雕氏之儒、仲良氏之儒、孙氏之儒、乐正氏之儒。八派之中，孟、孙（荀子）两氏对后世影响最大。孟子是儒家心性之学的开创者，在孔子“仁学”的基础上进一步提出“仁政学说”，即以“仁义”与“民本”作为立国之基。荀子在孔子“礼学”的基础上，提出“礼义者，治之始也”“法者，治之端也”，主张礼法兼治，王霸并用。春秋战国时期，儒学在列国之间流传，成为“显学”，颇有影响。

孔伋

孟子

经学独尊

汉武帝接受董仲舒“罢黜百家，独尊儒术”的建议，设五经博士，负责讲授儒家经典，儒家思想被提升到“经”的正统地位。

相传，汉武帝末年，鲁恭王拆孔子旧宅以扩其宫室，在墙壁夹层发现孔子第九代孙孔鲋所藏的《尚书》《礼记》《论语》《孝经》数十篇，被称“古文经”。“鲁壁藏书”引发了中国历史上两千多年的经学今、古文之争的文化现象，对保护中华文化典籍的作用厥功至伟。

董仲舒

魯
壁

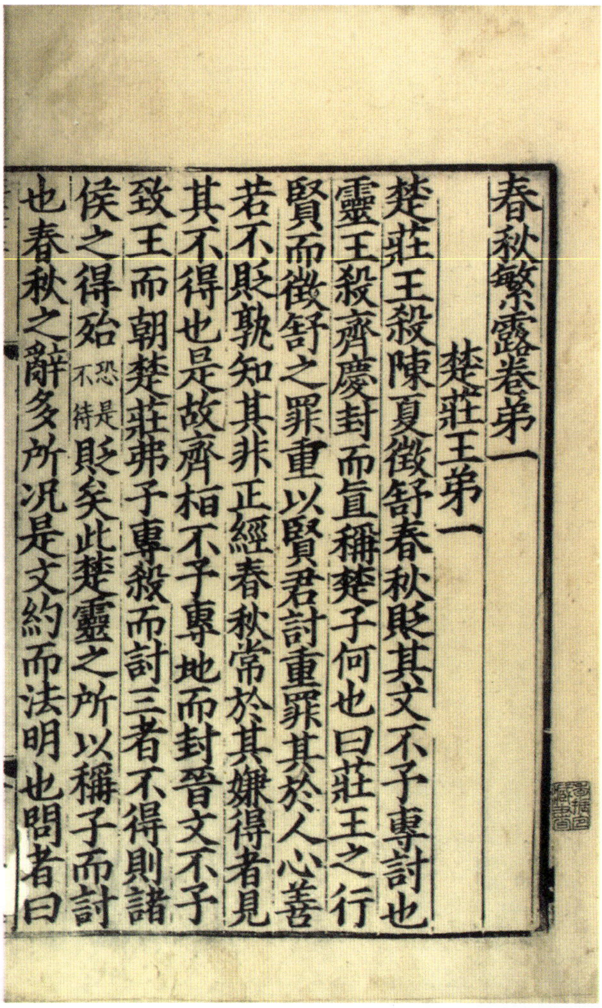

春秋繁露卷第一
楚莊王第一
楚莊王殺陳夏徵舒春秋貶其文不予專討也
靈王殺齊慶封而直稱楚子何也曰莊王之行
賢而徵舒之罪重以賢君討重罪其於人心善
若不貶孰知其非正經春秋常於其嫌得者見
其不得也是故齊桓不予專地而封晉文不予
致王而朝楚莊弗予專殺而討三者不得則諸
侯之得殆恐是不待貶矣此楚靈之所以稱子而討
也春秋之辭多所況是文約而法明也問者曰

春秋繁露十七卷

（汉）董仲舒撰　宋嘉定四年（1211）胡槻江右计台刻本

西汉今文经学家董仲舒解释儒家经典《春秋》之书。凡十七卷，八十二篇。董仲舒在《春秋繁露》中解释经义时，推崇《公羊传》的见解，阐发“春秋大一统”之旨，建立“天人感应”论的唯心主义形而上学的神学体系，其中包括“三纲”“五常”“三统”“三正”“性三品”等说，为加强封建统治提供理论根据，为后世孔子圣人化、儒术神学化的开端。

国家图书馆藏

春秋繁露卷第一

楚莊王第一

楚莊王殺陳夏徵舒春秋貶其文不予專討也靈王殺齊慶封而直稱楚子何也曰莊王之行賢而徵舒之罪重以賢君討重罪其於人心善若不貶孰知其非正經春秋常於其嫌得者見其不得也是故齊桓不予專地而封晉文不予致王而朝楚莊弗予專殺而討三者不得則諸侯之得殆（恐是不待）貶矣此楚靈之所以稱子而討也春秋之辭多所況是文約而法明也問者曰

高逸图

魏晋玄学

魏晋南北朝时期，儒释道走向融合。玄学家何晏、王弼创建了玄学经学。何晏等著《论语集解》，内中多名理之谈。王弼的《周易注》援老子入《周易》，专以阐述形器之上的本体为务。世传《十三经注疏》，除《孝经注》为唐玄宗所作外，汉注与魏晋注各居其半。这一时期儒家除经学外，还有其他以儒典为指导，纵论古今得失、人事善恶、礼法之则、修身之要的论著，比较重要的有《孔子家语》《刘子》《颜氏家训》等。家训是儒学著作重要体裁，用于家庭教育，对于青少年人生观的形成起着重要的作用。

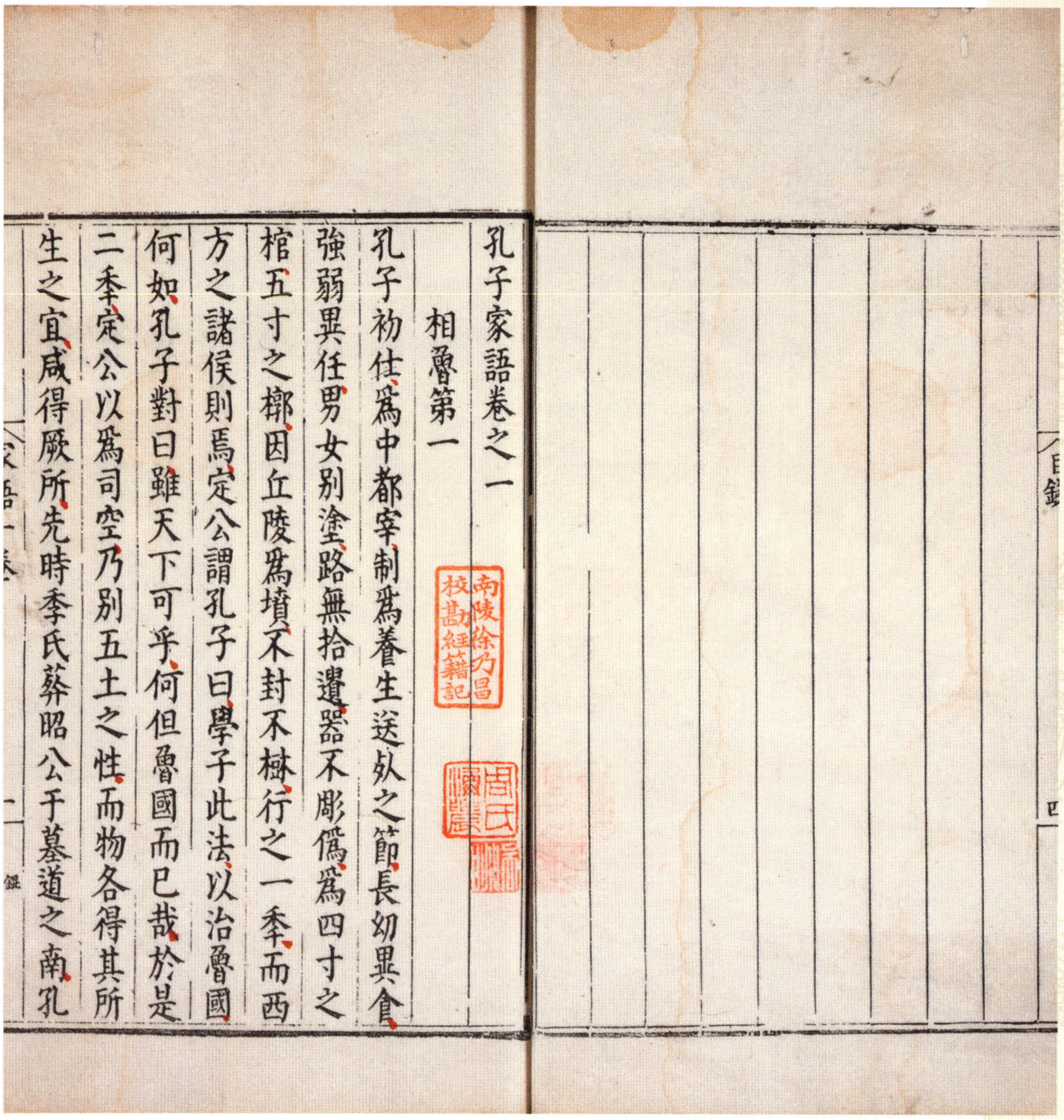
孔子家語卷之一
相魯第一
孔子初仕爲中都宰制爲養生送死之節長幼異食強弱異任男女別塗路無拾遺器不彫僞爲四寸之棺五寸之槨因丘陵爲墳不封不樹行之一年而西方之諸侯則焉定公謂孔子曰學子此法以治魯國何如孔子對曰雖天下可乎何但魯國而已哉於是二年定公以爲司空乃別五土之性而物各得其所生之宜咸得厥所先時季氏葬昭公于墓道之南孔

孔子家语十卷

（三国魏）王肃注　明刻本

汉魏孔氏家学的一部重要著作。人物故事集。三国魏王肃（195—256）注，十卷。《汉书·艺文志》作二十七卷，但其书早佚。此书不囿于史书条框，孔子的音容笑貌跃然纸上，形象鲜明。书中还保存大量文献，生动地反映当时社会婚姻、丧祭、郊禘、庙祧等风俗习尚。此书是除《论语》以外又一部集中表现孔子生平事迹、道德风范、思想面貌的著作。

国家图书馆藏

唐代经学

隋唐时期，儒学在儒释道三教融合的基础上复兴，重新研究义理、心性之学，开启宋明理学的先声，代表人物是韩愈、李翱。韩愈首次提出儒家的“道统说”，并提倡“师道”，重振儒家尊师重教的传统。柳宗元和刘禹锡继承和发扬了荀子“明于天人之分”的思想，柳宗元反对用自然现象解释社会的治乱，提倡发挥人的主观能动性。刘禹锡提出“天人交相胜”，认为“天能胜人，人能胜天”。唐代是继汉代之后中国经学发展的又一个重要时期，在经籍校勘、训诂、释义等方面都有较大贡献。

韩愈

刘禹锡

柳宗元

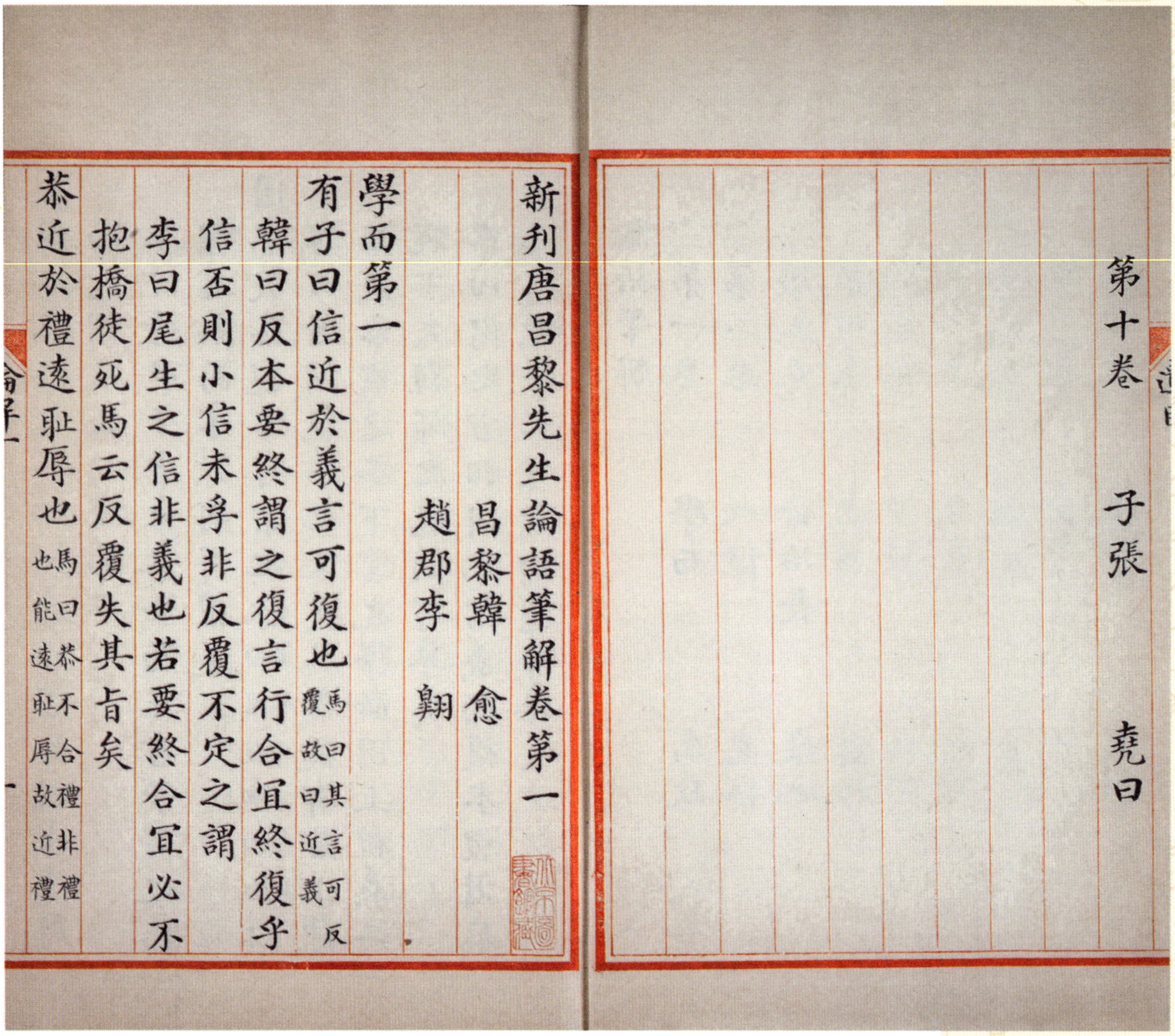

新刊唐昌黎先生论语笔解十卷

（唐）韩愈撰　（唐）李翱撰　清末民国抄本

该书是韩愈读《论语》时的札记，李翱作为韩愈的门人与韩愈交相讲论，其见解也入该书中。从汉儒到唐儒，对儒家经典的研究逐步从章句训诂向义理阐释转化。本书就是体现这一转折的重要著作。

国家图书馆藏

宋明理学

宋代理学又称“新儒学”，它推翻了汉唐治经寻章摘句的训诂之道，而注重儒家道统的树立，注重儒学内在义理的阐述与发挥，成就了一整套的哲学体系，因此也称“道学”或者“理学”。朱熹作为宋代理学的集大成者，直承二程，旁摄周敦颐、张载、邵雍。不但全面系统整理宋代理学，而且将《大学》《中庸》与《论语》《孟子》并称“四书”，同列为儒学必修。此后近千年间，朱熹的《四书集注》一直是科举考试的指定教材，他也被奉为“朱子”。

南宋陆九渊直承孟子“万物皆备于我”的思想，创建了理学中的心学学派，明代王守仁完成了心学体系，称为“陆王心学”。心学高扬了个体意识和主体精神，具有反权威和解放思想的作用，是继程朱理学之后儒学发展的又一高峰。

朱熹

王守仁

知行合一

在《尚书·说命》中有这样一句话：「知之匪艰，行之惟艰」，因此在中国哲学中「知」与「行」的关系成了重要的议题，在传统儒家的知行观中，「知」与「行」是分离的。其中最具影响力的是朱熹的观点，他认为知先行后、知轻行重、知行互发。明代王阳明第一次明确提出并论证了「知行合一」，孙中山的「知难行易」，毛泽东主席的《实践论》副标题定为「论认识和实践——知和行的关系」，都直接受到知行论的影响，近代的著名教育家陶行知的名字，也是来源于此。

四书章句集注二十八卷

（宋）朱熹撰　宋淳祐十二年（1252）当涂郡斋刻嘉熙四年（1240）淳祐八年（1248）十二年（1252）递修本

国家图书馆藏

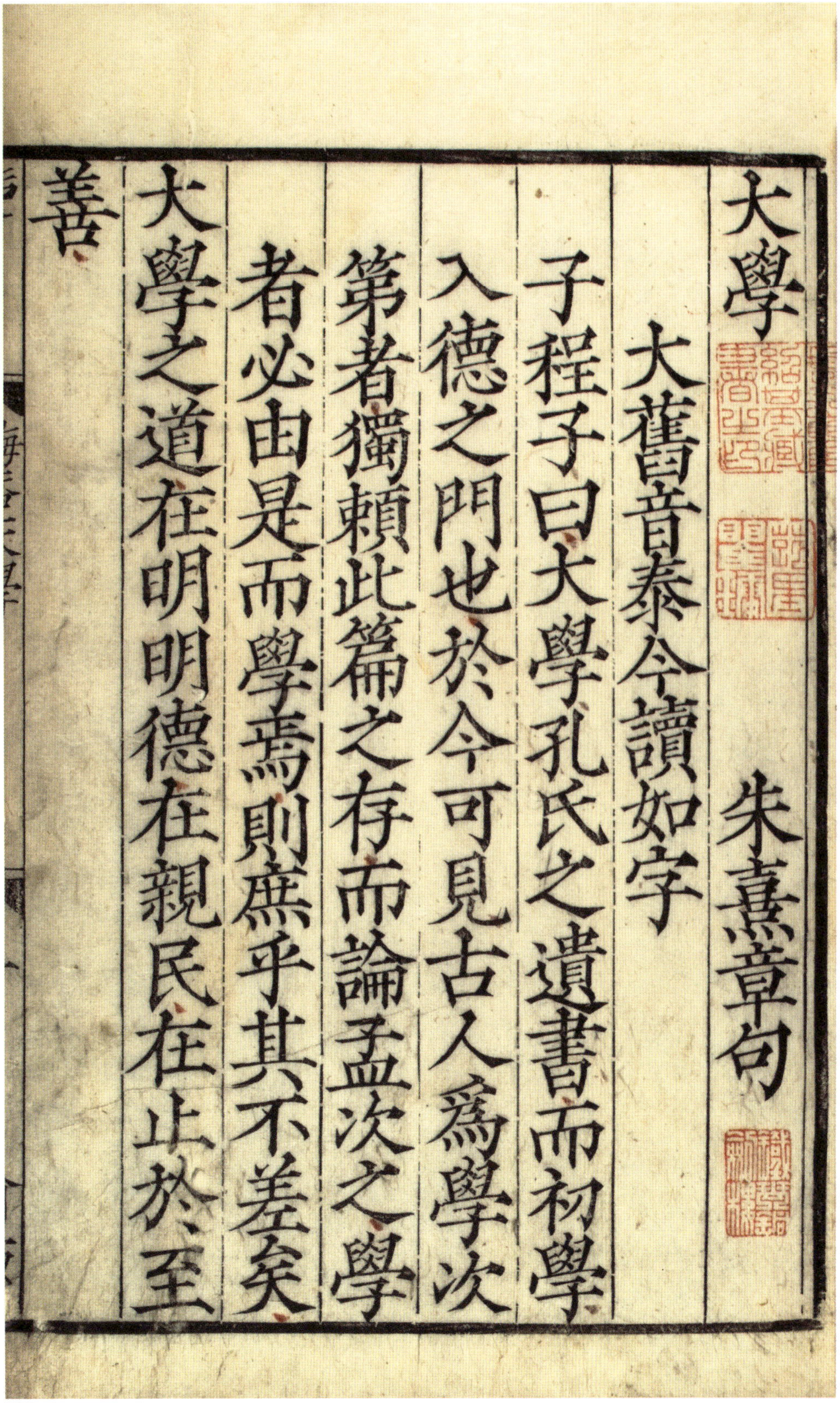

大學　　朱熹章句

大舊音泰今讀如字

子程子曰大學孔氏之遺書而初學入德之門也於今可見古人爲學次第者獨賴此篇之存而論孟次之學者必由是而學焉則庶乎其不差矣

大學之道在明明德在親民在止於至善

明清实学

明末清初，以匡时济世、通经致用为圭臬的实学应运而生，代表人物有黄宗羲、顾炎武、王夫之等。实学以实践哲学为主要话题，依据儒家现实主义原则，重新确立求真务实的价值维度。殆至晚清以曾国藩为代表，主张在固守圣人之道、纲常礼教的前提下，学习西方工艺技术，建立近代工业，这一主张后来被概括为“中学为体，西学为用”，实际上强调和提高了“器”的地位，客观上扭转了儒家重道轻器的传统。为适应时代发展的新需要，一些学者主张对儒学进行改造，维新派康有为、梁启超、谭嗣同等人继承今文经学的传统，打出“孔教复原”的旗帜，宣称孔子是托古改制、主张变革的先师，实际上为戊戌变法提供理论依据。

顾炎武

王夫之

黄宗羲

曾国藩

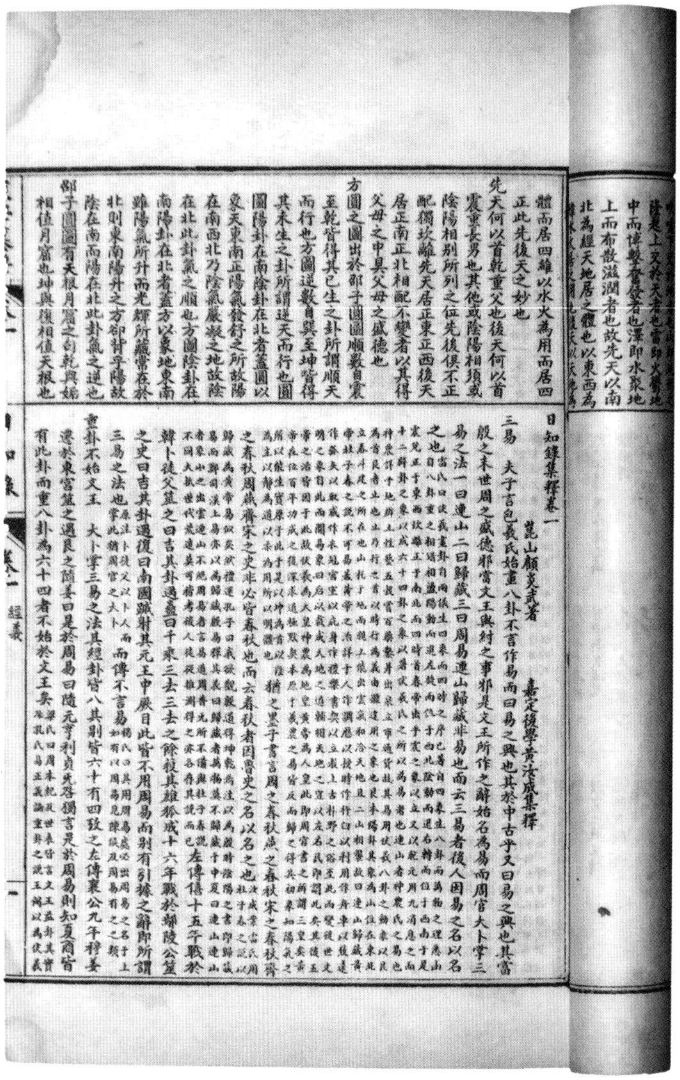

日知录集释三十二卷勘误二卷续勘误二卷

（清）顾炎武撰 （清）黄汝成纂 **策学纂要正续编十六卷** （清）万南泉 （清）戴莨圃撰 清光绪十三年（1887）上海大同书局石印本

书名取意于《论语·子张》中子夏“日知其所亡，月无忘其所能，可谓好学也已矣”。本书是顾炎武一生精心之作，自称“平生之志与业皆在其中”，体现了经世致用的思想，开清代朴学之风气。全书考证精详，文辞博辨，为后人推崇。

孔子博物馆藏

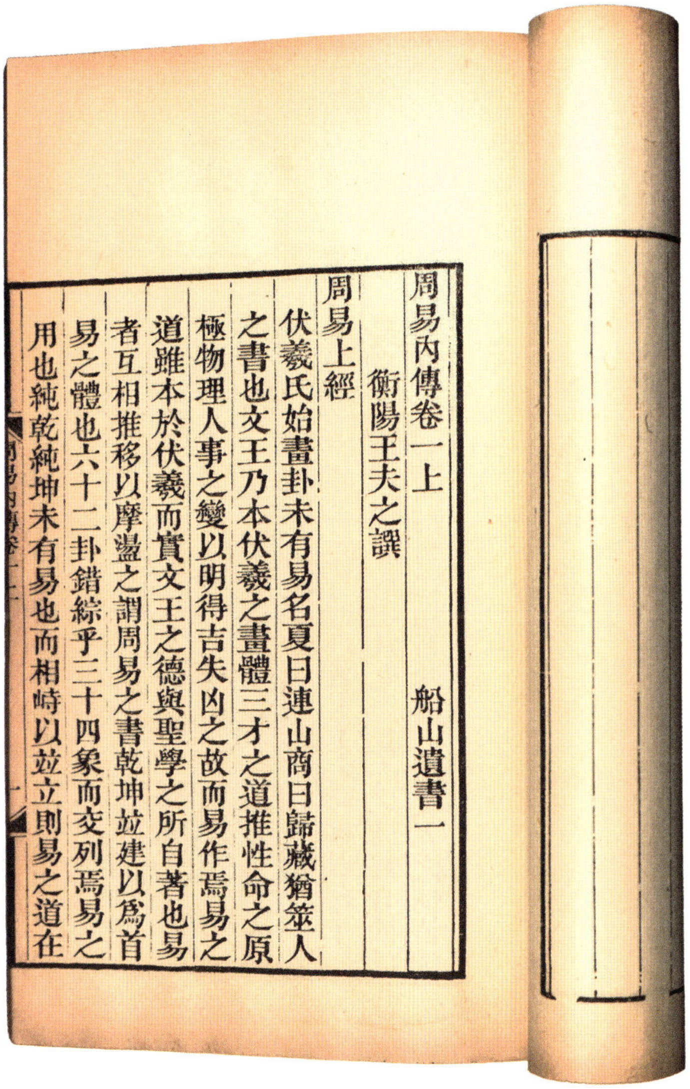
周易內傳卷一上　船山遺書一
衡陽王夫之譔
周易上經
伏羲氏始畫卦未有易名夏曰連山商曰歸藏猶筮人之書也文王乃本伏羲之畫體三才之道推性命之原極物理人事之變以明得吉失凶之故而易作焉易之道雖本於伏羲而實文王之德與聖學之所自著也易者互相推移以摩盪之謂周易之書乾坤竝建以爲首易之體也六十二卦錯綜乎三十四象而交列焉易之用也純乾純坤未有易也而相峙以竝立則易之道在

王船山先生遗书

（明）王夫之撰　清同治四年（1865）湘乡曾氏金陵节署刻本

王夫之是明末清初思想家、文学家，晚年因隐居湘西石船山麓，人称船山先生。他对经学、史学、文学均有精深研究，提出了“理势合一”的观点，强调要“经世致用”。

孔子博物馆藏

官学养仕

古代官学多以孔子整理删订的“六经”（南宋时增为“十三经”）作为主要教材。各级官学按照“仕而优则学，学而优则仕”的原则，通过科举考试选拔人才，培养大量“文武之材”“出入将相，安定社稷”。

文苑图

书院传习

书院是在汉代“精舍”、唐代“学馆”基础上发展起来的，为儒家学者会集士子讲学之地，独立于官学系统之外。讲学、藏书、祭祀是书院的三大功能。宋元时期，朱熹、陆九渊、吕祖谦、真德秀等著名学者皆在书院讲学，他们宣传性理之学、儒家之教，影响甚至超过官学。书院制度完备于宋，废止于清，前后千余年，对中国教育与文化的发展产生了重要影响。

岳麓书院文庙

岳麓书院文庙，原称孔庙，是历代山长宣扬儒学的重要场所。文庙对岳麓书院教育有直接影响，历代都有严格的礼规，要求教育者和被教育者遵循圣人的言行行事。每月朔望山长要引领一一朝拜。每年春秋举行两次大的祭典活动，地方长官也得参加，场面极为壮观。

文庙位于书院左侧，由照壁、门楼、大成门、大成殿、两庑、崇圣祠、明伦堂等部分组成，是中国规模最大，建筑规格最高的一座书院文庙。

北宋时期岳麓书院曾建礼殿于讲堂前，南宋乾道元年（1165）改为宣圣殿，明弘治十八年（1505）改名大成殿，正德二年（1507）迁礼殿于书院左侧，天启四年（1624）重修，正式称为文庙。

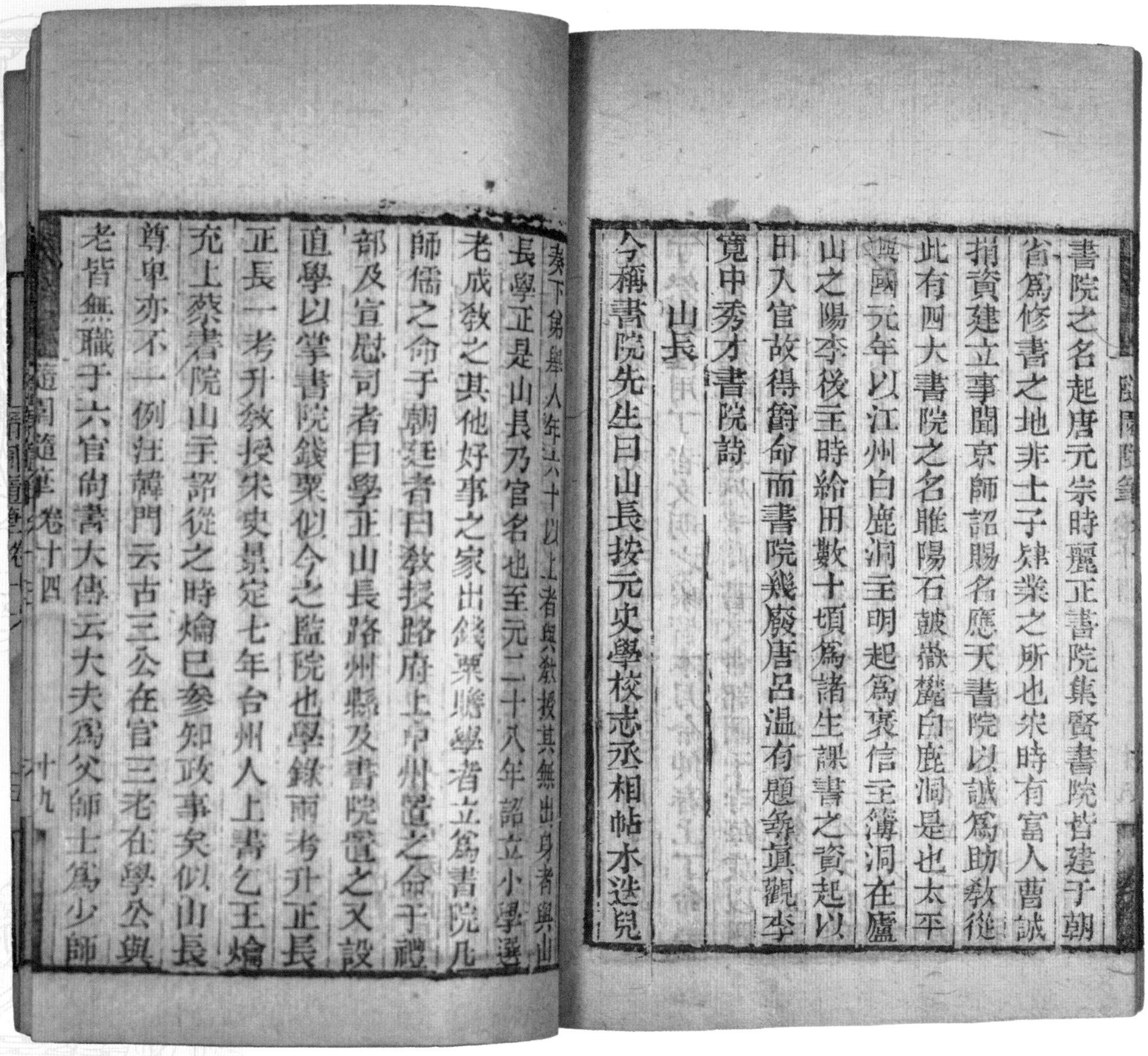
隨園隨筆

書院之名起唐元宗時麗正書院集賢書院皆建于朝省爲修書之地非士子肄業之所也宋時有富人曹誠捐資建立事聞京師詔賜名應天書院以誠爲助教從此有四大書院之名睢陽石鼓嶽麓白鹿洞是也太平興國元年以江州白鹿洞主明起爲裦信主簿洞在廬山之陽李後主時給田數十頃爲諸生課書之資起以田入官故得爵命而書院幾廢唐呂温有題舜眞觀李寛中秀才書院詩

山長

今稱書院先生曰山長按元史學校志丞相帖木迭兒奏下第舉人年六十以上者與叙授其無出身者與山長學正是山長乃官名也至元二十八年詔立小學選老成教之其他好事之家出錢粟贍學者立爲書院凡師儒之命于朝廷者曰教授路府上中州置之命于禮部及宣慰司者曰學正山長路州縣及書院置之又設直學以掌書院錢粟似今之監院也學錄兩考升正長正長一考升教授宋史景定七年台州人上書乞王爚充上蔡書院山主詔從之時爚已參知政事矣似山長尊卑亦不一例汪韓門云古三公在官三老在學公與老皆無職于六官尚書大傳云大夫爲父師士爲少師

隨園隨筆 卷十四 十九

随园随笔二十八卷随园诗话十六卷

（清）袁枚撰　清随园刻本

孔子博物馆藏

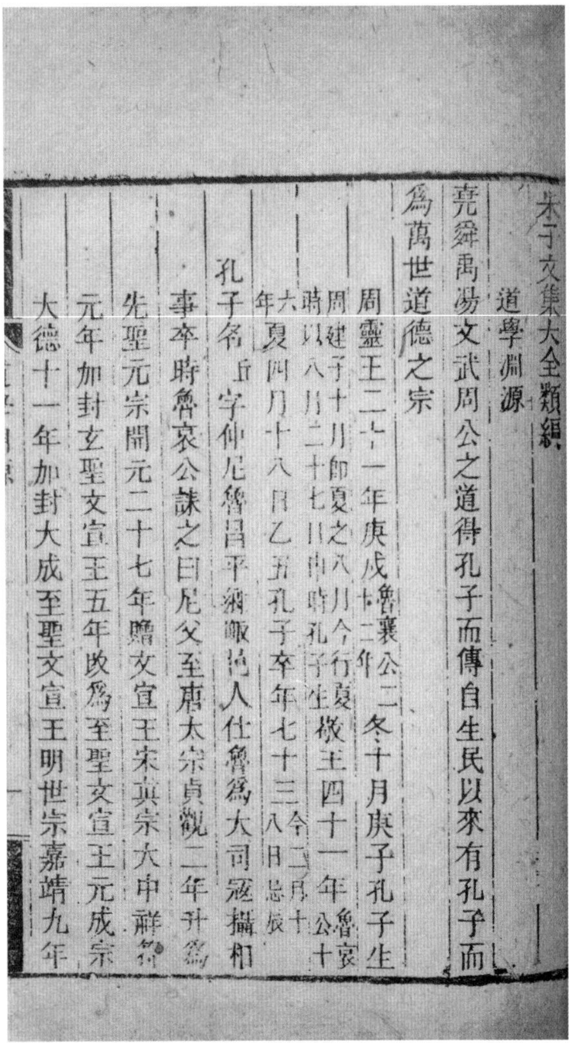

朱子文集大全類編

道學淵源

堯舜禹湯文武周公之道得孔子而傳自生民以來有孔子而爲萬世道德之宗

周靈王二十一年庚戌魯襄公二十二年冬十月庚子孔子生周建子十月即夏之八月今行夏時以八月二十七日申時孔子生敬王四十一年魯哀公十六年夏四月十八日乙丑孔子卒年七十三今二月十八日忌辰

孔子名丘字仲尼魯昌平鄉陬邑人仕魯爲大司寇攝相事卒時魯哀公誄之曰尼父至唐太宗貞觀二年升爲先聖元宗開元二十七年贈文宣王宋真宗大中祥符元年加封玄聖文宣王五年改爲至聖文宣王元成宗大德十一年加封大成至聖文宣王明世宗嘉靖九年

朱文公类编全集

（宋）朱熹撰　清道光二十年（1840）考亭书院刻本

朱熹曾受业于程颢、程颐的三传弟子李侗，被视为二程学说的正宗嫡传。他任同安主簿时创办县学；知南康军时重建白鹿洞书院，所定《白鹿洞书院学规》成为南宋以后官学和书院共同遵循的学规；在漳州首次刊刻所撰《大学章句》《中庸章句》《论语集注》《孟子集注》，合称《四书章句集注》，由此形成“四书”之名，与“五经”并称，流传于世。他在潭州修建了岳麓书院，晚年在福建考亭建竹林精舍，讲学不倦。

孔子博物馆藏

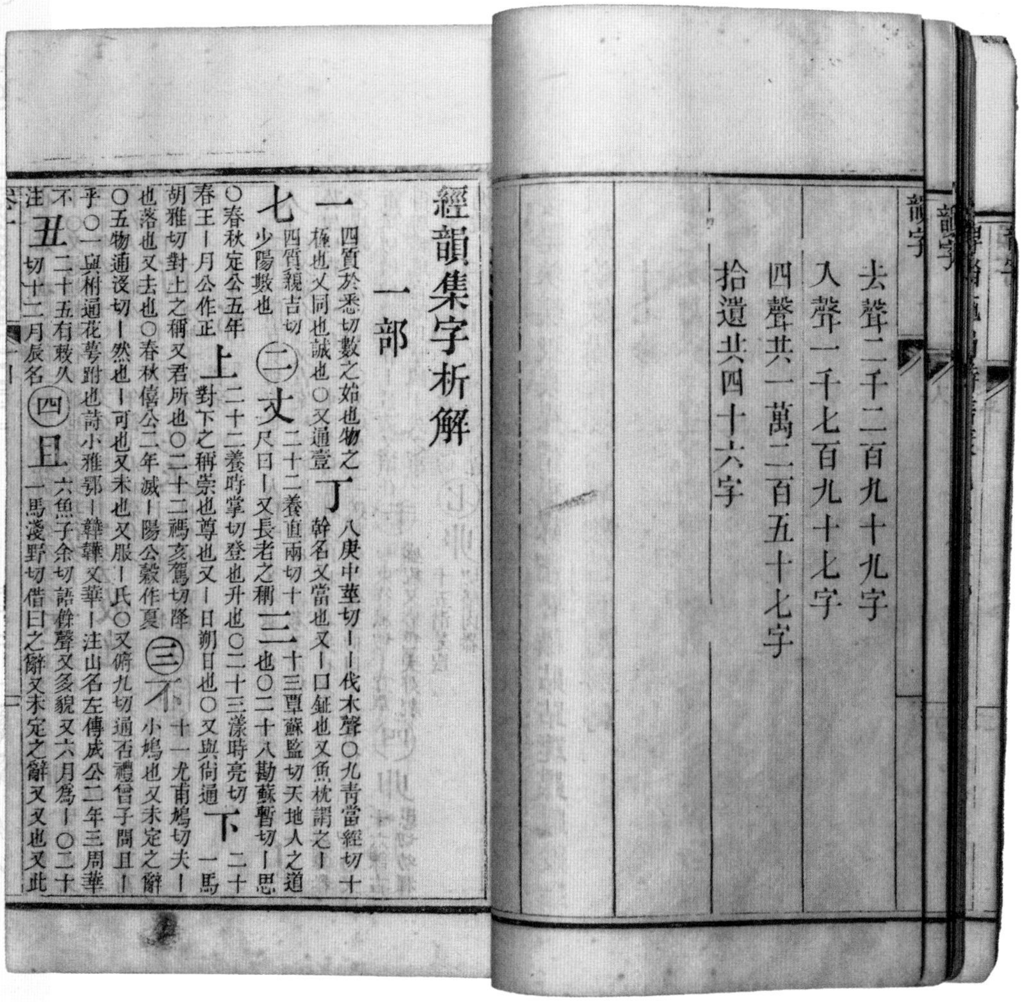

经韵集字析解二卷

（清）彭良敞集注　清道光十年（1830）泺源书院刻本

书院藏书是我国古代藏书的一种重要类型，与官府藏书、私人藏书、寺观藏书一起并称为我国古代藏书事业的四大支柱。书院藏书来源于皇帝、官员和私人捐赠，以及书院自身购置和刊刻。书院刻书一方面促进了印刷事业的发展，一方面保存了大量有价值的典籍，并通过再次刊刻，使这些弥足珍贵的典籍得以重新流通起来。书院藏书在内容上以经史等学术著作为主，版本上以通行本为主。

孔子博物馆藏

儒学外传

早在秦汉时期，儒家思想就开始东传朝鲜半岛、日本，南传越南并逐步扩散至东南亚其他国家，他们学习和翻刻儒学经典，仿效科举考试选拔人才，建立孔庙，或派遣留学生来华。儒家思想对于这些地区的道德观、伦理观和教育观等影响极为深刻。

儒学自16世纪末传入欧洲，18世纪又传入美洲。法国启蒙思想家伏尔泰、狄德罗、卢梭，英国哲学家罗素、美国学者爱默生等人对于孔子和儒学称赏不已，认为儒学的入世、平实以及中庸等核心精神，值得西方文化借鉴。美国许多地方成立了各种形式的研究机构，致力于孔子思想与东方哲学的挖掘。

当今，对儒家思想的研究在世界各地兴起。2004年11月，全球第一所孔子学院在韩国汉城揭幕。截至2016年12月31日，全球140个国家（地区）已建立512所孔子学院和1073个孔子课堂，学员总数达190多万人。

东方找到一位智者。

——（法）伏尔泰

孔子是全世界各民族的光荣。

——（美）爱默生

人类要生存下去，就必须回到二十五个世纪以前去汲取孔子的智慧。

——（瑞典）汉内斯·阿尔文

韩国成均馆大学明伦堂

日本汤岛圣堂大成殿

新西伯利亚国立技术大学孔子学院揭牌仪式

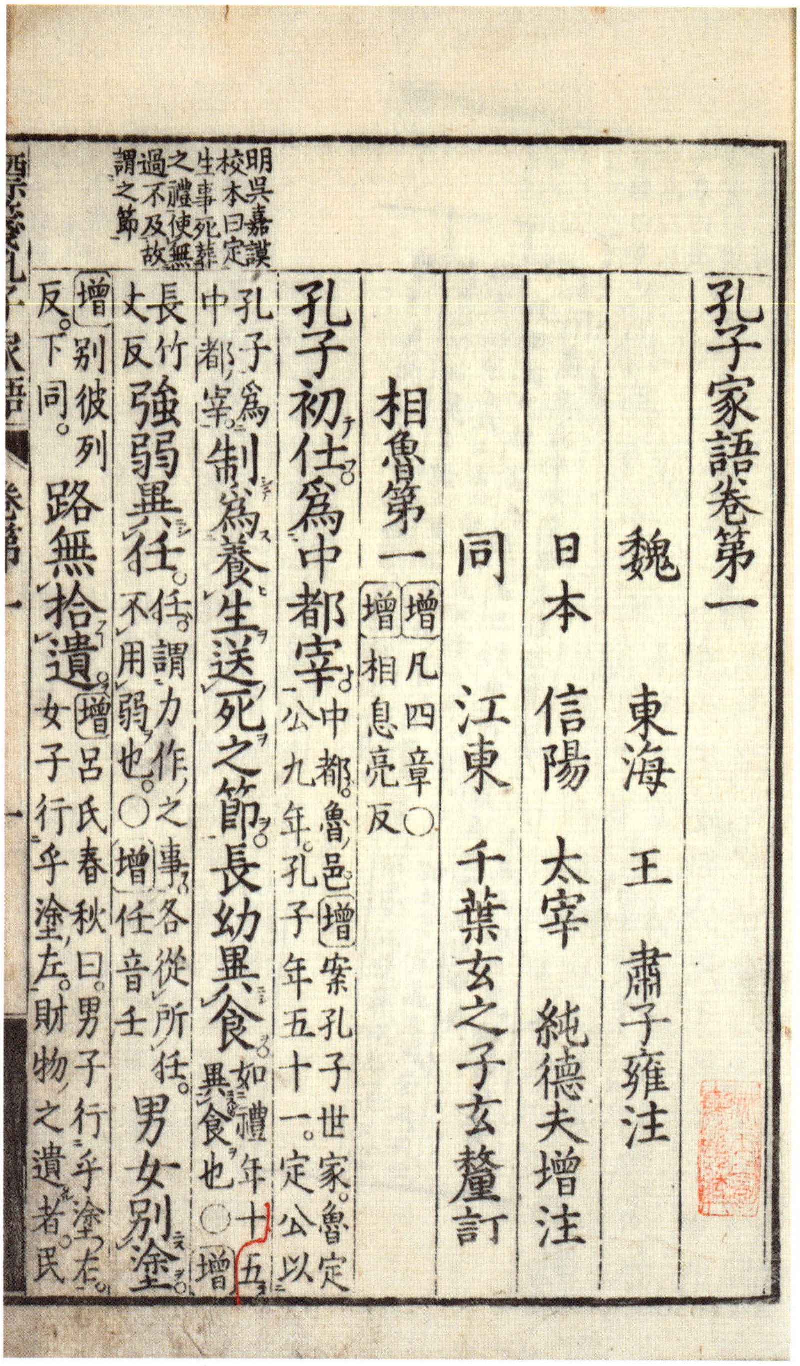
孔子家語卷第一

魏　東海　王　肅子雍注

日本　信陽　太宰　純德夫增注

同　江東　千葉玄之子玄鼇訂

相魯第一　增凡四章○增相息亮反

孔子初仕爲中都宰　中都。魯邑。增案孔子世家。魯定公九年。孔子年五十一。定公以孔子爲中都宰。

制爲養生送死之節。長幼異食　如禮年十五異食也○增

長竹丈反　強弱異任　任。謂力作之事。各從所任。不用弱也。○增任音壬　男女別塗

增別彼列反。下同。　路無拾遺。增呂氏春秋曰。男子行乎塗右。女子行乎塗左。財物之遺者。民

明吳嘉謨校本曰。定生事死葬之禮使無過不及故謂之節

標箋孔子家語　卷第一　一

孔子家语十卷附录一卷

（三国魏）王肃注　（日本）太宰纯增注　（日本）千叶玄之厘订　日本宽政元年（1789）嵩山房刻本

国家图书馆藏

La morale de Confucius, philosophe de la Chine

Amsterdam: P. Savouret, 1688.

中国哲学家孔子的道德箴言

阿姆斯特丹：皮埃尔·萨瓦雷特　1688 年

国家图书馆藏

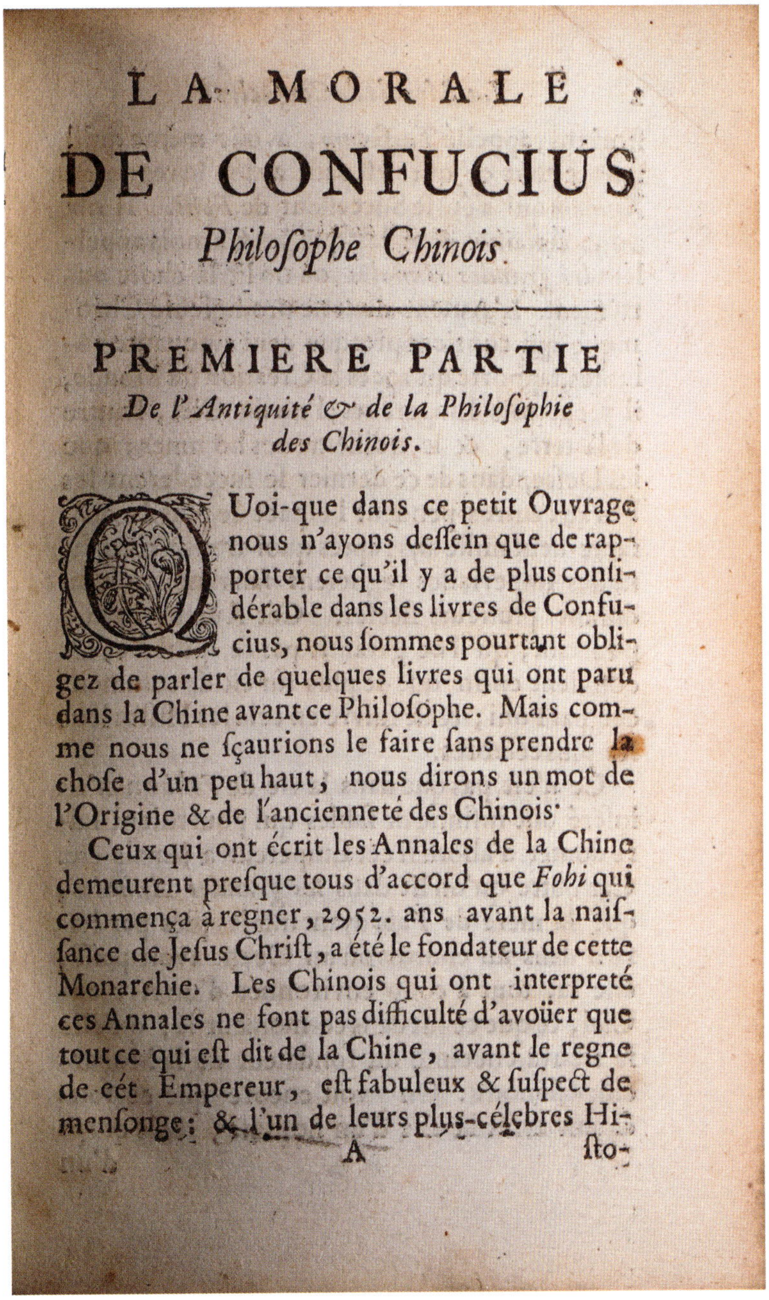

LA MORALE
DE CONFUCIUS
Philoſophe Chinois.

PREMIERE PARTIE
De l'Antiquité & de la Philoſophie des Chinois.

Quoi-que dans ce petit Ouvrage nous n'ayons deſſein que de rapporter ce qu'il y a de plus conſidérable dans les livres de Confucius, nous ſommes pourtant obligez de parler de quelques livres qui ont paru dans la Chine avant ce Philoſophe. Mais comme nous ne ſçaurions le faire ſans prendre la choſe d'un peu haut, nous dirons un mot de l'Origine & de l'ancienneté des Chinois.

Ceux qui ont écrit les Annales de la Chine demeurent preſque tous d'accord que *Fohi* qui commença à regner, 2952. ans avant la naiſſance de Jeſus Chriſt, a été le fondateur de cette Monarchie. Les Chinois qui ont interpreté ces Annales ne font pas difficulté d'avoüer que tout ce qui eſt dit de la Chine, avant le regne de cét Empereur, eſt fabuleux & ſuſpect de menſonge; & l'un de leurs plus-célebres Hiſto-

A

圣贤的足迹
智者的启迪
孔府珍藏文献展图录

Shengxian de Zuji
Zhizhe de Qidi

Kongfu Zhencang Wenxianzhan Tulu

第五单元

诗礼传家

Shili Chuanjia

叨陪鲤对

孔子十分重视家庭教育，《论语·季氏》载：有一天孔鲤从庭前经过，孔子问：“学《诗》乎？”孔鲤答：“未也。”孔子就说：“不学《诗》，无以言。”孔鲤退而学《诗》。又一天，孔鲤再次经过庭前，孔子问：“学《礼》乎？”孔鲤答：“未也。”孔子说：“不学《礼》，无以立。”孔鲤退而学《礼》。弟子陈亢听到这件事后，高兴地说：“问一得三，闻《诗》，闻《礼》，又闻君子之远其子也。”

这就是典故“庭训”和“趋庭”“鲤对”“庭对”的来历，前者指父亲的教诲或培育，后三者指子女接受父亲的教诲。孔鲤先于孔子亡故，宋徽宗时追封为“泗水侯”。其子孔伋继承孔子学说并有所发展，著《中庸》等儒家经典，宋代追封“沂水侯”“沂国公”，元文宗加封“沂国述圣公”。

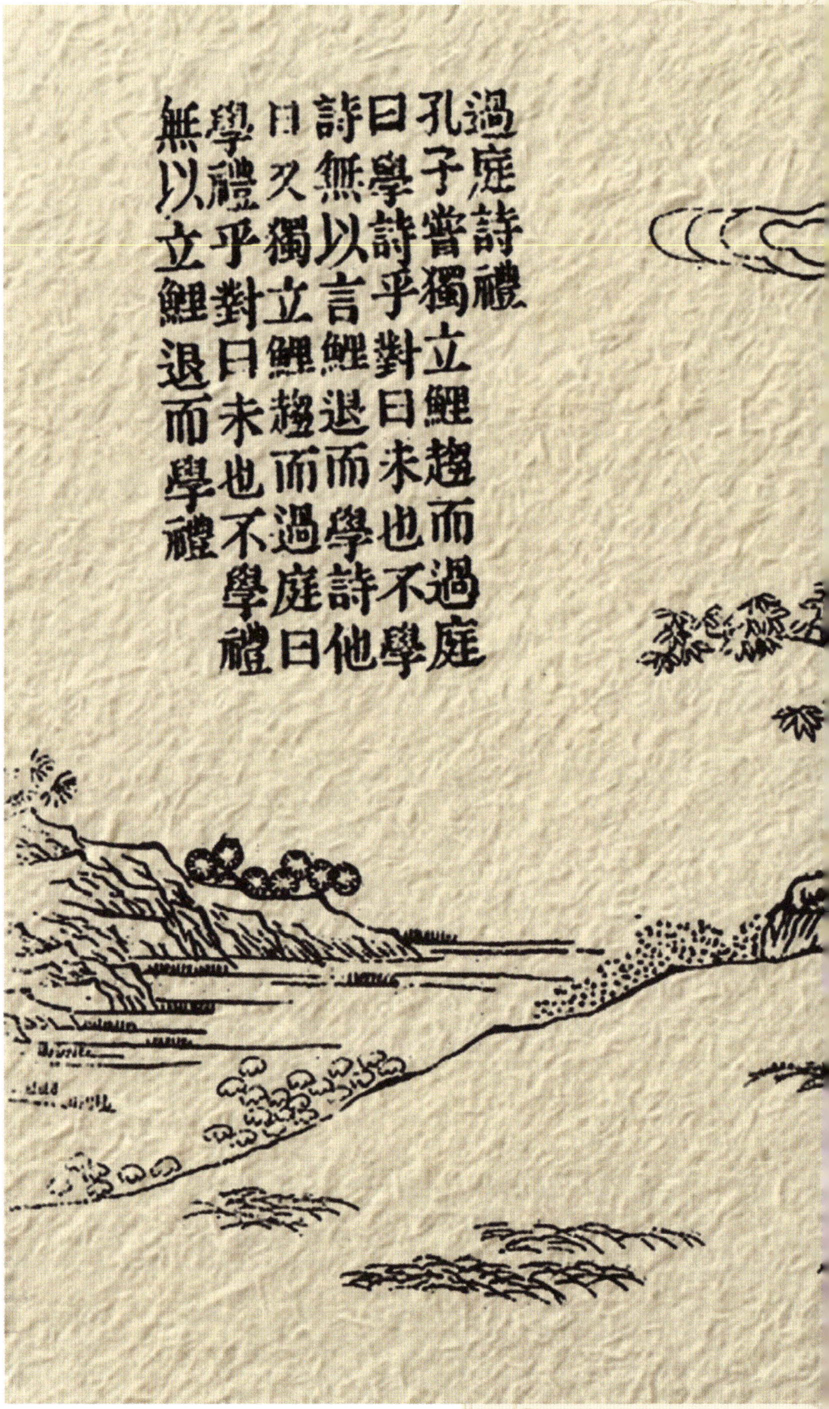

过庭诗礼

“御赐诗书礼乐”山水人物黑寿山石章

明代

孔府旧藏　一级文物

墨色。石章浮雕山水人物，山上葱茏苍翠，岸下波涛翻滚，一船行驶江中，船上坐有四人。印面椭圆，阳刻篆书“御赐诗书礼乐”，两侧各刻一条升龙纹。

孔子博物馆藏

金徽玉骨雷氏琴

明代　一级文物

琴木质，共13颗金徽，弦尾镶玉骨，琴面髹朱漆和栗壳色漆。琴底面有四短脚，穿龙池、凤沼。

孔子博物馆藏

裔封“衍圣”

汉高祖十二年（前195），封孔子九世孙孔腾为奉祀君。之后的千年时间里，封号屡经变化。宋仁宗至和二年（1055），孔子四十六世孙孔宗愿被封为“衍圣公”，此封号沿袭宋、金、元、明、清、民国，至1935年国民政府改封衍圣公孔德成为“大成至圣先师奉祀官”止。“衍圣公”因沐浴先祖孔子的光辉，成为中国历史上经久不衰、世代腾黄、地位显赫的特殊公爵。特别是明清时期，衍圣公为正一品官阶，列为文臣之首，享有较大的特权，其居住的衍圣公府（今孔府），是仅次于明清皇宫的最大府第。

孔子后代	姓名	受封时间	爵位	说明
子	孔鲤	北宋崇宁元年（1102）	泗水侯	
孙	孔伋	北宋崇宁元年（1102）	沂水侯	
		南宋咸淳三年（1267）	沂恩公	
		元至顺元年（1330）	沂国述圣公	
曾孙	孔白			
玄孙	孔求			
六代孙	孔箕			
七代孙	孔穿			
八代孙	孔谦			
九代孙	孔腾	汉高祖十二年（前195）		汉高祖刘邦“自淮南过鲁，以太牢祀孔子”。相传，刘邦封孔子九世孙孔腾为“奉祀君”。
十代孙	孔忠			
十一代孙	孔武			
十二代孙	孔延年			汉文帝时征为博士，又转太傅，迁大将军。
十三代孙	孔霸	汉元帝永光元年（前43）	褒成君	帝师，封关内侯，号褒成君，赐食邑800户，以祀孔子，卒谥号“烈君”。此为孔子后裔世袭爵位之始。
十四代孙	孔福	汉成帝年间	褒成君	
		绥和元年（前8）	殷绍圣侯（一说殷绍嘉侯）	朝廷以孔子为殷商后人，故命孔子子孙承担奉祀商汤之职责，赐食邑1676户，后进爵为公。
十五代孙	孔房	汉哀帝建平二年（前5）	关内侯	赐食邑932户。
十六代孙	孔均	汉平帝元始元年（1）	褒成侯	承担奉祀孔子之责，赐食邑2000户。
十七代孙	孔志	东汉光武帝建武十四年（38）	褒成侯	赐食邑2000户，卒谥号“元成”。
十八代孙	孔损	东汉明帝永平十五年（72）	褒成侯	赐食邑1000户。
		东汉和帝永元四年（92）	褒亭侯	

十九代孙	孔曜	东汉安帝延光三年（124）	奉圣亭侯	赐食邑 1000 户。
二十代孙	孔完	东汉灵帝建宁二年（169）	褒亭侯	赐食邑 100 户。
二十一代孙	孔羡	魏文帝黄初二年（221）	宗圣侯	
二十二代孙	孔震	西晋武帝泰始三年（267）	奉圣亭侯	赐食邑 200 户。
二十三代孙	孔嶷	东晋明帝太宁三年（325）	奉圣亭侯	
二十四代孙	孔抚		奉圣亭侯	任豫章太守。
二十五代孙	孔懿		奉圣亭侯	
二十六代孙	孔鲜	南朝宋文帝元嘉十九年（442）	奉圣亭侯	
二十七代孙	孔乘	北魏孝文帝延兴三年（473）	崇圣大夫	赐食邑 500 户。
二十八代孙	孔灵珍	北魏孝文帝太和十九年（495）	崇圣侯	赐食邑 100 户。
二十九代孙	孔文泰		崇圣侯	
三十代孙	孔渠		崇圣侯	
三十一代孙	孔长孙	北齐文宣帝天保元年（550）	崇圣侯、恭圣侯	赐食邑 100 户。
		北周静帝大象二年（580）	邹国公	赐食邑 1000 户。
三十二代孙	孔嗣悊	隋炀帝大业四年（608）	绍圣侯	赐食邑 100 户。
三十三代孙	孔德伦	唐高祖武德九年（626）	褒圣侯	赐食邑 100 户。
三十四代孙	孔崇基	唐武则天证圣元年（695）	褒圣侯	授朝散大夫。
三十五代孙	孔璲之	唐玄宗开元二十七年（739）	褒圣侯、文宣公	
三十六代孙	孔萱		文宣公	任泗水令。
三十七代孙	孔齐卿	唐德宗建中三年（782）	文宣公	任兖州功曹。
三十八代孙	孔惟晊	唐宪宗元和十三年（818）	文宣公	任兖州参军。
三十九代孙	孔策	唐武宗会昌二年（842）	文宣公	授曲阜县尉，迁尚书博士。

四十代孙	孔振	唐懿宗咸通四年（863）	文宣公	官至监察御史左补阙水部员外郎。
四十一代孙	孔昭俭		文宣公	任曲阜令。
四十二代孙	孔光嗣			任泗水主簿。
四十三代孙	孔仁玉	后唐明宗长兴三年（932）	文宣公	授曲阜主簿，官至监察御史，卒赠兵部尚书，被誉为孔氏中兴之祖。
四十四代孙	孔宜	宋太宗太平兴国三年（978）	文宣公	兼曲阜主簿、太子右赞善大夫。
四十五代孙	孔延世	宋太宗至道三年（997）	文宣公	兼曲阜令。
四十六代孙	孔圣佑	宋真宗天禧五年（1021）	文宣公	
	孔宗愿	宋仁宗景祐二年（1035）	文宣公	
		宋仁宗至和二年（1055）	衍圣公	兼知曲阜县事，赠右谏议大夫，为衍圣公之始。
四十七代孙	孔若蒙	宋神宗熙宁元年（1068）	衍圣公	兼仙源县主簿。衍圣公进京陪祀之始。
		宋哲宗元祐元年（1086）	奉圣公	
	孔若虚	宋哲宗元符元年（1098）	奉圣公	登进士第。
四十八代孙	孔端友	宋徽宗崇宁三年（1104）	衍圣公	随高宗南渡，寓居浙江衢州，为南宗始祖。
	孔端操			端友弟，金时权袭衍圣公。
四十九代孙	孔玠	宋高宗绍兴二年（1132）	衍圣公	南宗。
	孔璠	宋高宗绍兴三年（1133）		伪齐刘豫封，赠荣禄大夫。
五十代孙	孔拯	金熙宗皇统二年（1142）	衍圣公	晋承直郎。
	孔搢	宋高宗绍兴二十四年（1154）		南宗。授右承奉郎。
	孔摠	金世宗大定三年（1163）		补文林郎兼曲阜县令，赠正奉大夫。

五十一代孙	孔元措	金章宗明昌二年（1191）宋理宗绍定六年（1233）	衍圣公	兼曲阜令，授中议大夫、光禄大夫，任太常卿。
	孔文远	宋光宗绍熙四年（1193）		南宗，授承奉郎。
五十二代孙	孔万春	宋理宗宝庆二年（1226）	衍圣公	南宗。
五十三代孙	孔洙	宋理宗绍定四年（1231）	衍圣公	南宗末代衍圣公，让爵于北宗，授奉训大夫，兼吉州通判。
	孔浈	元宪宗蒙哥元年（1251）		任淮州知州。
	孔治	元成宗元贞元年（1295）		袭曲阜县尹，官至密州知州、奉直大夫。
五十四代孙	孔思诚	元成宗大德十一年（1307）	衍圣公	任曲阜县尹，后出知濮州。
	孔思晦	元仁宗延祐三年（1316）		赠通议大夫、河南江北等处行中书省参知政事护军、鲁郡公。
五十五代孙	孔克坚	元顺帝至元六年（1340）	衍圣公	授通奉大夫，官至礼部尚书、国子祭酒。
五十六代孙	孔希学	元顺帝至正十五年（1355）	衍圣公	
		明太祖洪武元年（1368）		明太祖洪武十三年令班列文臣之首，卒谥“文肃”。
五十七代孙	孔讷	明太祖洪武十七年（1384）	衍圣公	明初废丞相，衍圣公班列文官首，赐孔讷同一品。
五十八代孙	孔公鉴	明宣宗宣德元年（1426）	衍圣公	系卒后赠封。
五十九代孙	孔彦缙	明成祖永乐八年（1410）	衍圣公	精通篆书。
六十代孙	孔承庆	明代宗景泰六年（1455）	衍圣公	追封。
六十一代孙	孔弘绪	明代宗景泰六年（1455）	衍圣公	
	孔弘泰	明宪宗成化十二年（1476）		
六十二代孙	孔闻韶	明孝宗弘治十六年（1503）	衍圣公	

六十三代孙	孔贞幹	明世宗嘉靖二十五年（1546）	衍圣公	
六十四代孙	孔尚贤	明世宗嘉靖三十八年（1559）	衍圣公	
六十五代孙	孔胤椿	明熹宗天启五年（1625）	衍圣公	追封。
六十五代孙	孔胤植	明熹宗天启元年（1621）	衍圣公	授太子太傅。
六十六代孙	孔兴燮	清世祖顺治五年（1648）	衍圣公	兼太子太保。
六十七代孙	孔毓圻	清圣祖康熙七年（1668）	衍圣公	晋太子少师，卒谥“恭悫”。
六十八代孙	孔传铎	清世宗雍正元年（1723）	衍圣公	
六十九代孙	孔继濩	清世宗雍正十三年（1735）	衍圣公	追封。
七十代孙	孔广棨	清世宗雍正九年（1731）	衍圣公	
七十一代孙	孔昭焕	清高宗乾隆八年（1743）	衍圣公	
七十二代孙	孔宪培	清高宗乾隆四十八年（1783）	衍圣公	原名宪允，乾隆帝改为宪培。
七十三代孙	孔庆镕	清高宗乾隆五十九年（1794）	衍圣公	
七十四代孙	孔繁灏	清宣宗道光二十一年（1841）	衍圣公	卒谥“端恪”。
七十五代孙	孔祥珂	清穆宗同治二年（1863）	衍圣公	卒谥“庄悫”。
七十六代孙	孔令贻	清德宗光绪三年（1877）	衍圣公	5 岁时承袭爵位，袁世凯复辟后加郡王衔。
七十七代孙	孔德成	民国九年（1920）	衍圣公	
七十七代孙	孔德成	民国二十四年（1935）	大成至圣先师奉祀官	

象牙笏板

明天启时期　一级文物

笏板微有弧度，材质致密，光滑圆润，上部竖刻楷书三行“天启四年八月初三日皇上幸学钦赐六十五代袭封衍圣公孔”。

孔子博物馆藏

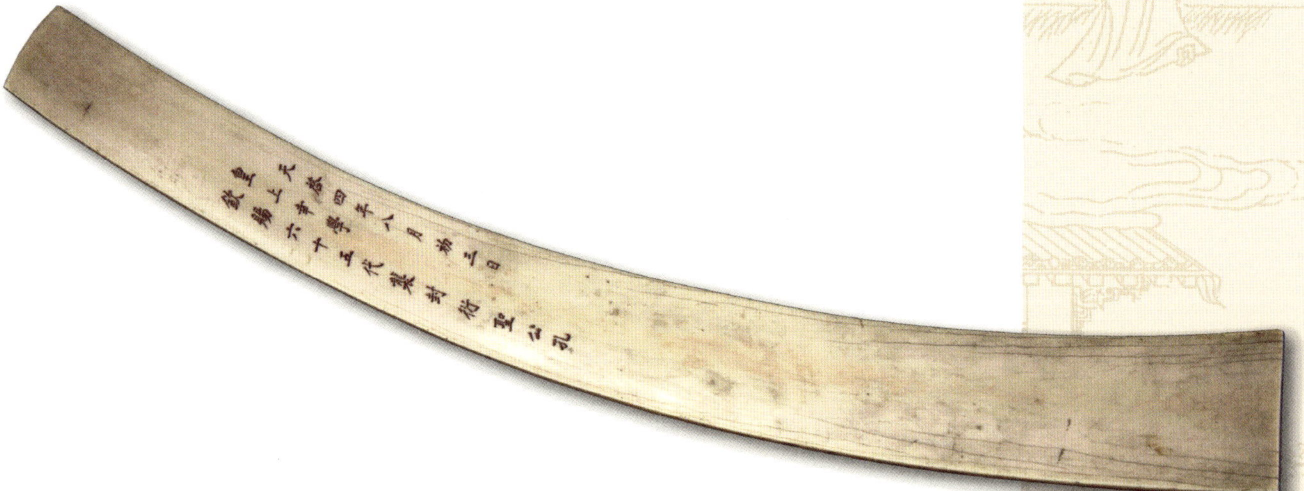

七十四代衍圣公孔繁灏狮钮水晶印章

清代

孔府旧藏　一级文物

孔繁灏（1804—1860），字文渊，号伯海，孔子第七十四代孙，道光二十一年（1841）袭封衍圣公。印呈正方形，水晶质地，雕辟邪为钮。狮首虎身，独角，回首蜷尾，四足立于方座之上。印面刻篆书“孔子七十四代孙繁灏之印”十一字。

孔子博物馆藏

衍圣公印

清代

孔府旧藏

器呈长方形，木柄铜印，印面刻“衍圣公印”。

孔子博物馆藏

六十八代衍圣公孔传铎画像

清代

绢本设色。图绘人物着朝服，头戴凉帽，红宝石顶，着披领，挂朝珠，外罩黑纱马褂，补绘五爪正蟒，内着石青色蹄袖五爪蟒袍，着皂靴，端坐椅上。服饰描绘精细，技法娴熟。画像上端篆书题名，左中部题“江左后学胡二乐敬题并篆”，阴文印两方，一方为“胡二乐”。

孔子博物馆藏

镂雕鎏金云龙纹“奉天诰命”木盒

清代

盒木质鎏金，呈长方形，子母口。全身共饰9条龙，正面5条，背面2条，两侧各1条，盘龙栩栩如生。正中镶一铜牌，上书左右两行铭文，右篆书“奉天诰命”，左为满文。底座束腰，上饰波浪纹、螺弦纹等纹饰。器内部髹朱漆。

孔子博物馆藏

奉天誥命

家风家训

孔氏家族继承了孔子“诗礼庭对”的优良家风，历朝历代无不十分重视对家族子弟的培养教育。明万历十一年（1583），孔子六十四代孙衍圣公孔尚贤颁布《孔氏祖训箴规》，告诫孔氏子孙“崇儒重道，好礼尚德，勿嗜利忘义，出入衙门，有亏先德”，“务要读书明理，显亲扬名，勿得入于流俗，甘为下人”。这些族规家训，塑造出一代又一代孔氏族人温文儒雅、质朴正直的品格，也塑造了其崇德尚勤、廉洁礼让的家风，使孔氏家族屹立于世两千余年而声望不衰，且人才辈出，赢得世人无数赞誉与敬仰，被誉为“天下第一家”。

芝兰玉树

孔子“诗礼传家”的优良家风，对后世子孙影响极大。孔子去世后，子孙“即宅为庙，藏乐服礼器，世以家学相承，自为师友”，他们以儒学为家学，克绍箕裘，人才辈出，成就了众多著名的经学家、文学家和书画家。他们或皓首穷经，著书立说；或飞扬文采，蜚声骚坛；或工书擅画，卓然大家；或赓续谱牒，敦宗睦族；或中兴祖业，不坠家声。至于耆老宿德，更是遍于里巷。此正所谓芝兰玉树，满于庭阶。

孔安国

西汉　孔安国（前156—前74）

少学《诗》于申培，受《尚书》于伏生。孔安国学识渊博，擅长经学，为“《古文尚书》学”的开创者。

东汉　孔融（153—208）

东汉末年一代名儒，继蔡邕为文章宗师，亦擅诗歌，为“建安七子”之一，著有《孔北海集》。

孔融

南朝　孔稚圭（447—501）

南朝齐文学家，博学能文，作《北山移文》，历来为人传颂。

唐　孔颖达（574—648）

唐朝著名经学家，与魏徵受命撰写《隋书》，为太子李治撰《孝经章句》，又奉诏主编《五经正义》一百八十二卷，融合南北经学家的见解，形成唐代义疏派。

孔颖达

五代　孔仁玉（912—956）

五代动乱，孔子林庙洒扫户孔末杀害孔仁玉之父、孔子四十二代孙孔光嗣，并冒称孔子后裔袭爵，史称“孔末之乱”。时出生仅九个月的孔仁玉幸免于难，后唐明宗查明真相，处死孔末，改封孔仁玉为文宣公兼曲阜县令，他被子孙追尊为“中兴祖”，并建造祠堂“报本堂”纪念。

孔仁玉

北宋　孔道辅（985—1039）

宋仁宗时官至右谏议大夫、御史中丞，“性鲠挺特达，遇事弹劾无所避，出入风采肃然”。曾扩建孔庙360间，建孟子庙。

孔道辅

南宋 孔传（1065—1139）

南宋初随孔端友（1078—1132）南渡，流寓衢州，官至右朝议大夫，知抚州军州事，兼管内劝农使，封仙源县开国男。绍兴间著《东家杂记》，记载有关孔子的杂事旧迹。

金 孔元措

金章宗明昌二年（1191）袭封衍圣公。金哀宗正大年间整理编辑《孔氏祖庭广记》一书，翔实记录了有关孔氏宗族的历史情况。元太宗时，奉召整理创编礼乐，造乐器，制冠冕法衣、钟磬、竽等仪物。

清 孔尚任（1648—1718）

清代著名戏曲家，《桃花扇》作者，与洪昇齐名，时称“南洪北孔”。有诗文集《石门山集》《湖海集》等行世。康熙间，主持续修《孔子世家谱》。

清 孔广森（1751—1786）

尝从戴震、姚鼐受经学，尤精《公羊春秋》，多独到之见。

民国 孔德成（1920—2008）

1920 年奉徐世昌大总统令，承袭衍圣公爵位，1935 年改为“大成至圣先师奉祀官”。1937 年，主持修成《孔子世家谱》108 卷。1949 年，随国民政府迁往台湾，复建台北家庙。

书法方面，孔子六十九代孙孔继涑（1726-1791）书法与梁同书齐名，时有“南梁北孔”之称。他精于鉴藏，性嗜古人墨迹碑版，手摹古今名迹百余卷，名《玉虹楼帖》，为海内外所推重。孔继涑之外，孔继镕“能书”，孔广铭“书若柳公权”，还有孔昭虔、孔庆錭等人皆长于书法。又有精篆刻者，如孔继榦“工篆刻，家藏汉印至数百枚”。

绘画方面，六十七代衍圣公孔毓圻（1657-1723）“工擘窠书”，善画墨兰，秀媚清劲，枝叶生动，笔致精妙。孔衍栻工山水，著有《画诀》，得宋元人不传之秘。孔传鋕，工花卉，设色文秀。孔继榦，工墨梅，尤善写影，有横斜浮动之趣。孔宪彝，工墨兰，萧疏淡远，不染纤埃。孔宪培，工书画，善写兰。

孔氏祖庭广记十二卷

（金）孔元措撰　蒙古乃马真后元年（1242）孔氏刻本

孔元措，字梦得，孔子第五十一代孙，衍圣公兼曲阜县令，曾任太常博士、太常卿，对保护礼乐文化、曲阜古迹贡献颇多。本书为曲阜孔氏家谱的最早刻本，是蒙古时期雕版印刷的上乘之作，保存了大量阙里文献，可补诸家碑录之阙。本书经曲阜孔氏、何元锡、黄丕烈、汪士钟、瞿氏铁琴铜剑楼、陈清华等递藏。

国家图书馆藏

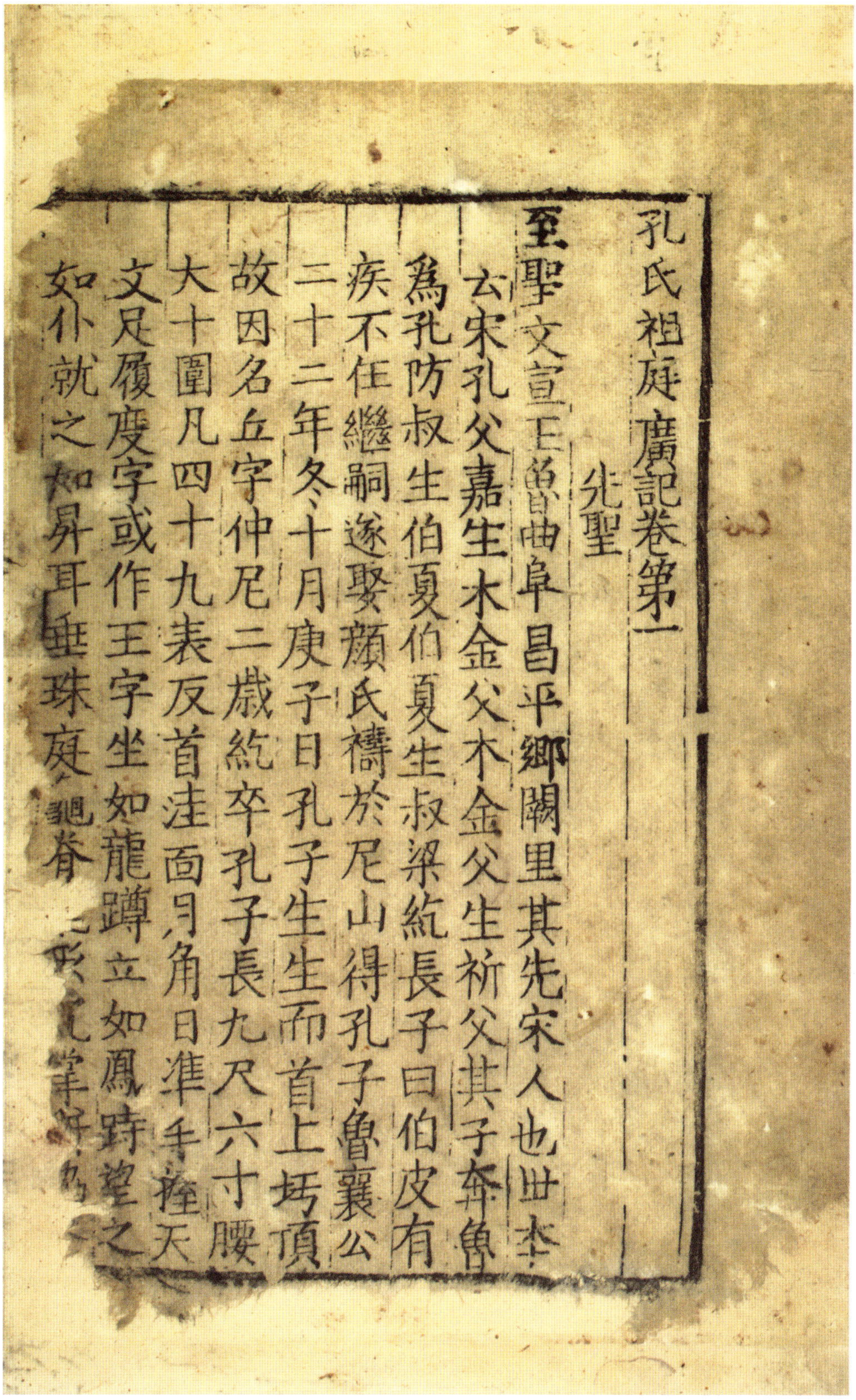

孔氏祖庭廣記卷第一

先聖

至聖文宣王魯曲阜昌平鄉闕里其先宋人也世本云宋孔父嘉生木金父木金父生祈父其子奔魯爲孔防叔生伯夏伯夏生叔梁紇長子曰伯皮有疾不任繼嗣遂娶顏氏禱於尼山得孔子魯襄公二十二年冬十月庚子日孔子生生而首上圩頂故因名丘字仲尼二歲紇卒孔子長九尺六寸腰大十圍凡四十九表反首洼面月角日準手握天文足履度字或作王字坐如龍蹲立如鳳跱望之如仆就之如昇耳垂珠庭龜脊虎掌胼脅

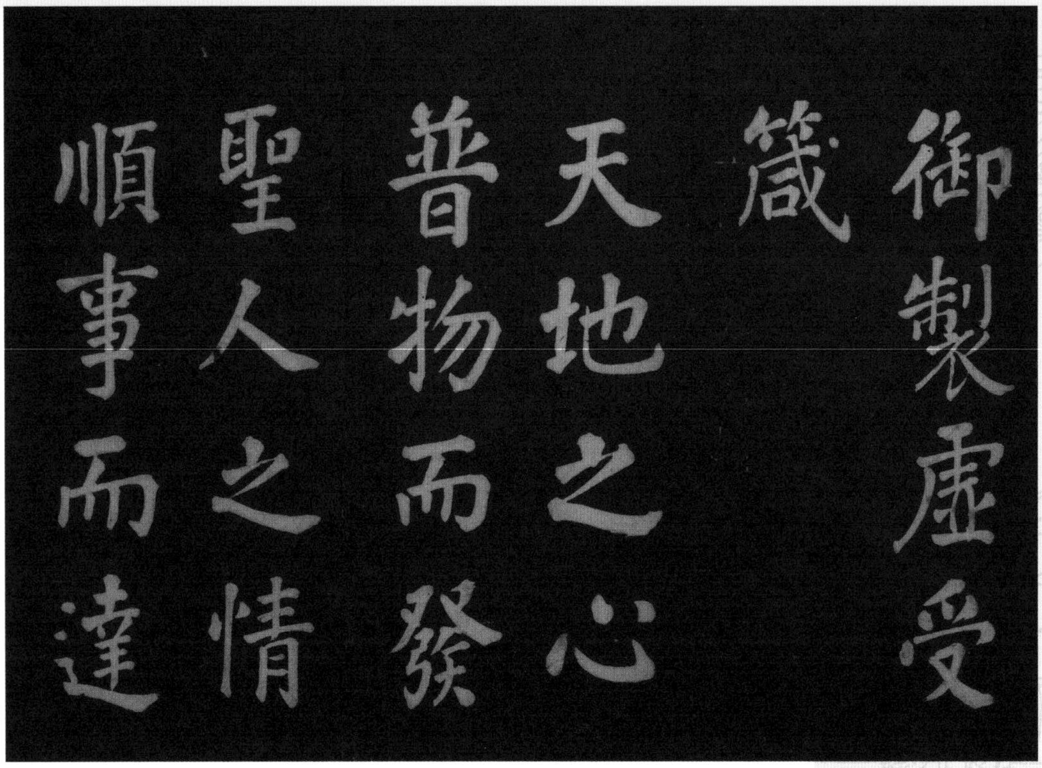

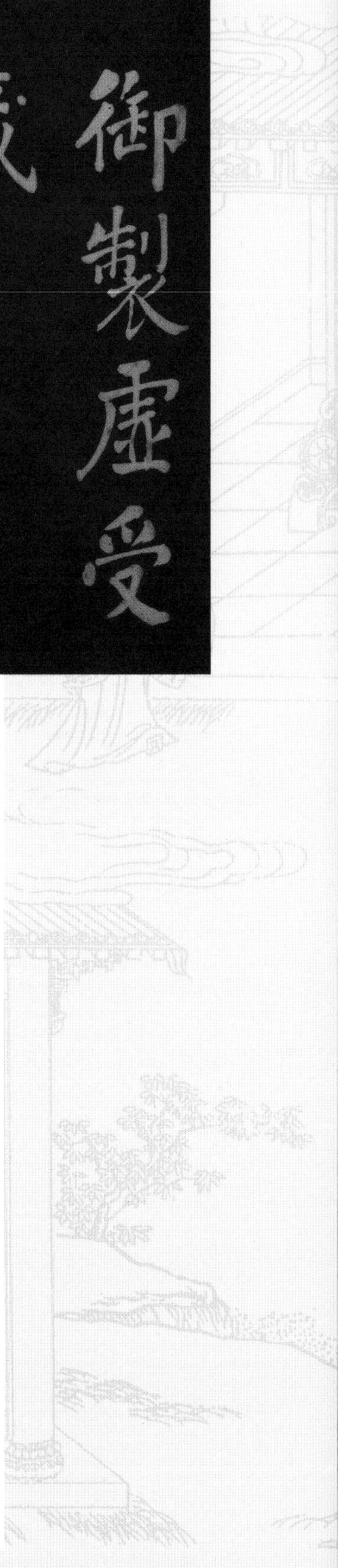

玉虹楼法帖

（清）孔继涑辑　清乾隆间拓本

本丛帖分摹古类、鉴真类、国朝名人类等，均为孔继涑鉴定的真迹摹刻，保存了晋唐以来真草隶篆诸流派的大量墨迹，是研究我国书法史和书法艺术的珍贵资料。石刻现存曲阜孔庙，“玉虹楼”即孔继涑的书房。

国家图书馆藏

青花云龙纹笔架

明万历时期

孔府旧藏　一级文物

器呈“山”字形，底为长方形，底口素胎无釉。中为青花正龙，两侧各有一盘龙相对，间绘云、火焰、山崖等纹饰。底座与上部以绹纹相隔，中绘须弥纹。器底长方双栏内横写楷书“大明万历年制”款。

孔子博物馆藏

竹雕“竹林七贤”笔筒

明代　一级文物

竹质，浮雕或镂雕松、竹、石和人物等纹饰。所绘人物遍布笔筒周身，可辨者13人，其中童子6人。人物或坐或站，或躺卧，或弹琴，或聊天，或行走观景，形态各异，刻画精细。

孔子博物馆藏

象牙杆笔

清代

笔杆、笔帽均为象牙制成，质地细密，表面光素无雕饰。

孔子博物馆藏

“西湖十景”图墨

清代

墨形状各异。正面浅浮雕“西湖十景”，分别为“曲院风荷”“柳浪闻莺”“南屏晚钟”“断桥残雪”“苏堤春晓”“平湖秋月”“三潭印月”“雷峰夕照”“花港观鱼”“双峰插云”。背面描金楷书，依景题诗，侧面楷书“胡开文虔制”。

胡开文（1742—1808），字柱臣，号在丰，徽州绩溪县人，著名徽商，徽墨行家，“胡开文”墨业创始人，清乾隆时期制墨名手。

孔子博物馆藏

金星蛇砚

清乾隆时期

砚石质，呈圆形。砚堂光滑平坦，砚堂与砚缘之间有一圈凹凸不平的凹槽。砚底隶书铭款“金星蛇砚”，行草书款“凤翰”。

高凤翰（1683—1749），字仲威，又字西园，号南村，晚号南阜山人等。清代画家、书法家、篆刻家。尤嗜砚，藏砚千，皆自为铭词手镌之。有《砚史》《南阜集》。

孔子博物馆藏

双龙戏珠纹掐丝珐琅笔洗

清代

孔府旧藏

敛口，鼓腹，圈足，铜胎，掐丝勾线填彩釉为纹，通体以掐丝卷云纹为地，器内底饰龙戏火珠纹，口沿饰如意云头纹，腹部饰二龙戏珠纹。器底蓝色釉，中心红色方栏，内署“大明年制”篆书款。

孔子博物馆藏

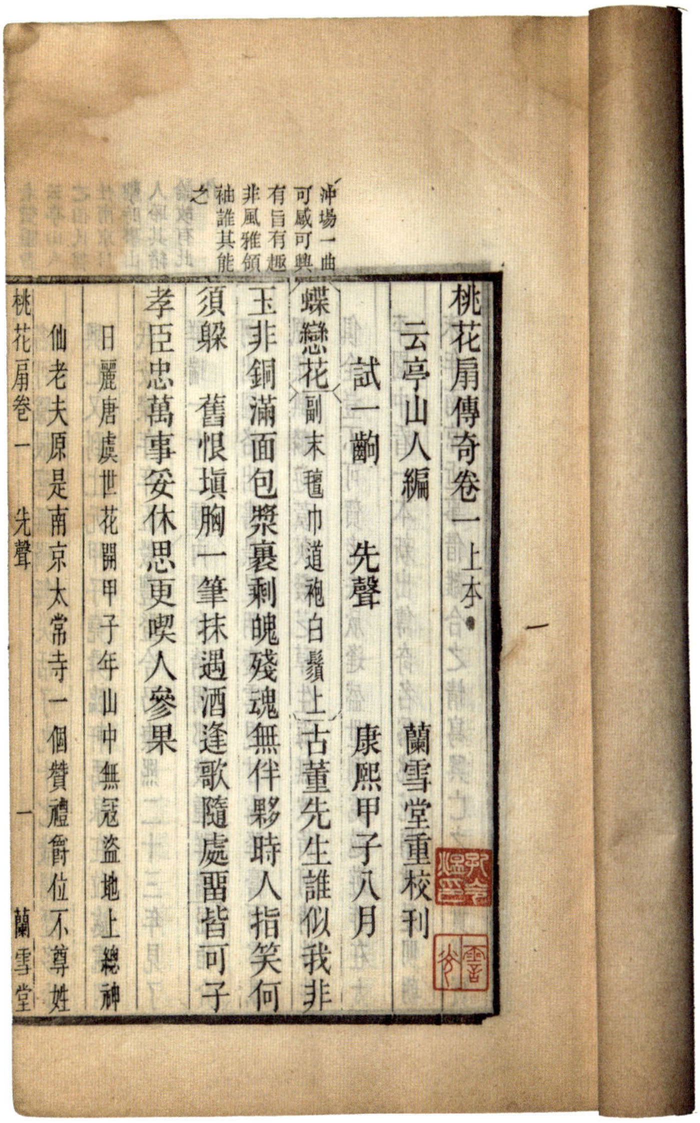
沖場一曲
可感可興
有旨有趣
非風雅頌
袖誰其能
之

桃花扇傳奇卷一上本
云亭山人編　蘭雪堂重校刊
試一齣　先聲　康熙甲子八月
蝶戀花 副末氊巾道袍白鬚上 古董先生誰似我非
玉非銅滿面包漿裹剩魄殘魂無伴夥時人指笑何
須躲　舊恨填胸一筆抹遇酒逢歌隨處畱皆可子
孝臣忠萬事妥休思更喫人參果
日麗唐虞世花開甲子年山中無寇盜地上總神
仙老夫原是南京太常寺一個贊禮爵位不尊姓
桃花扇卷一　先聲　一　蘭雪堂

桃花扇传奇四卷首一卷

（清）孔尚任撰　清光绪二十一年（1895）兰雪堂刻本

本剧为明末复社文人侯方域与秦淮名妓李香君悲欢离合的爱情故事，文辞典雅，结构严密，感人至深，反映了作者“借离合之情，写兴亡之感”的史鉴精神，与洪昇的《长生殿》并称“清代戏曲双璧”，是我国古代历史剧作的典范。

孔子博物馆藏

孔子世家谱二十四卷首一卷

（清）孔尚任纂　清康熙二十三年（1684）孔氏刻朱印本

康熙二十一年（1682），在衍圣公孔毓圻主持下，由孔尚任负责续修，历时15个月，撰成康熙版《孔子世家谱》，付梓100部。该谱体例完备，创新颇多，其《修谱凡例（二十则）》为孔尚任重要史论文献，是研究孔尚任史学思想的重要参考资料。

孔子博物馆藏

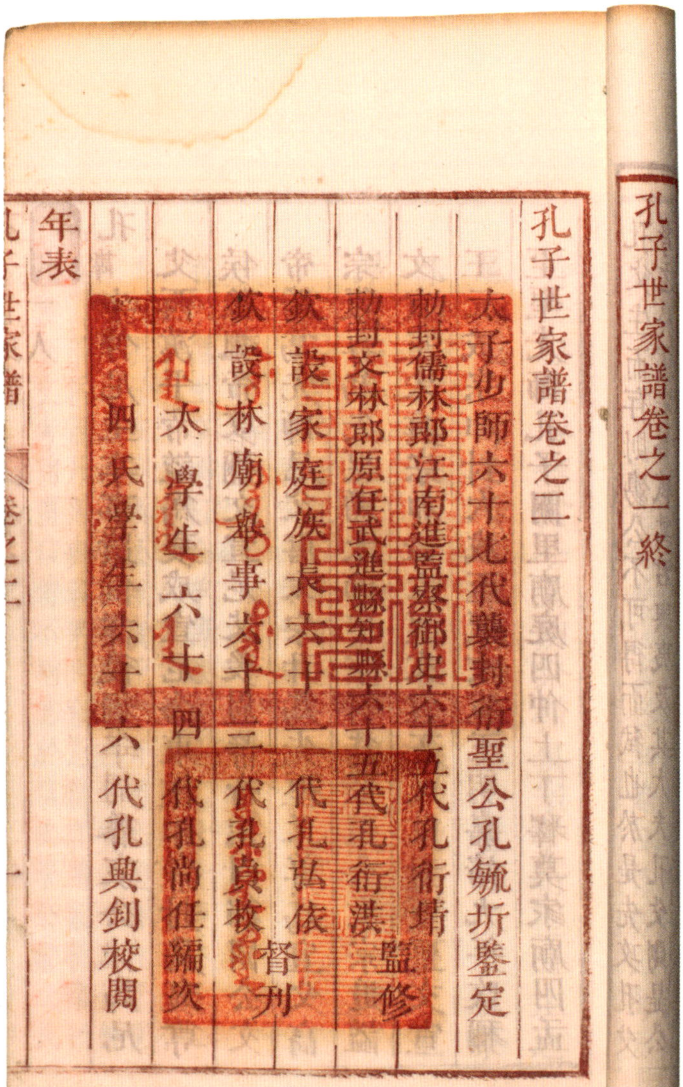

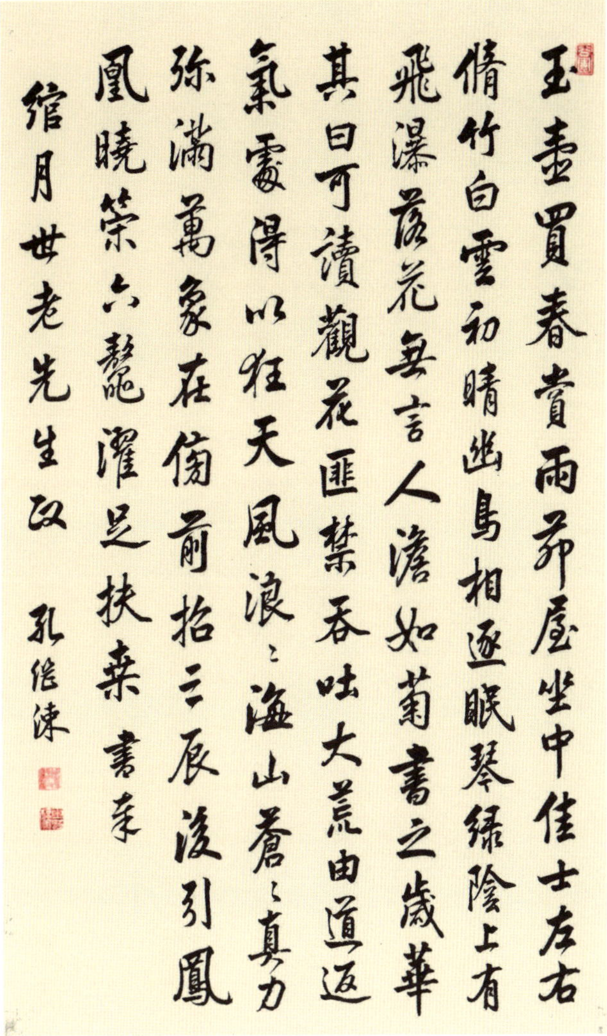

诗品二十四则·典雅

（清）孔继涑书

纸本墨书。此作内容为晚唐诗人司空图《诗品二十四则·典雅》。右上方有一朱文印“谷园”，左下方朱印两方，分别为“云庐子孔继涑信夫氏印章”“玉虹楼”。

孔继涑，字信夫，一字体字，号谷园，别号葭谷居士。曲阜人，衍圣公孔传铎第五子。

孔子博物馆藏

氣霞得以狂天
彌滿萬象在偹
凰曉筞六鼇濯
綰月世老先生

玉壺買春賞雨
脩竹白雲初晴幽
飛瀑落花無言人
其曰可讀觀花匪

人物图

（清）孔昭焕绘　清乾隆二十八年（1763）

绢本设色。此作工笔淡彩，笔法凝练，设色清雅，人物线条劲利圆畅，绘树淡色晕染，朴拙苍秀，画虎勾线用笔粗简，敷色轻淡而沉着，皮毛质感逼真。款署“癸未四月阙里孔昭焕写”，朱文印一方“孔昭焕印”，白文印一方“尧峰”。

孔子博物馆藏

癸未四月闕里孔昭煥寫

墨梅图

（清）孔继幹绘

纸本水墨。此作满绘梅花，密而不乱，繁而有韵，枯墨主干屈曲，水墨花瓣，细点花蕊，层次清楚，生机勃然。款署“铁骨道人”。朱文印“云谷”，白文印二方，一方“孔继幹印”，一方“泰兴令印”。

孔子博物馆藏

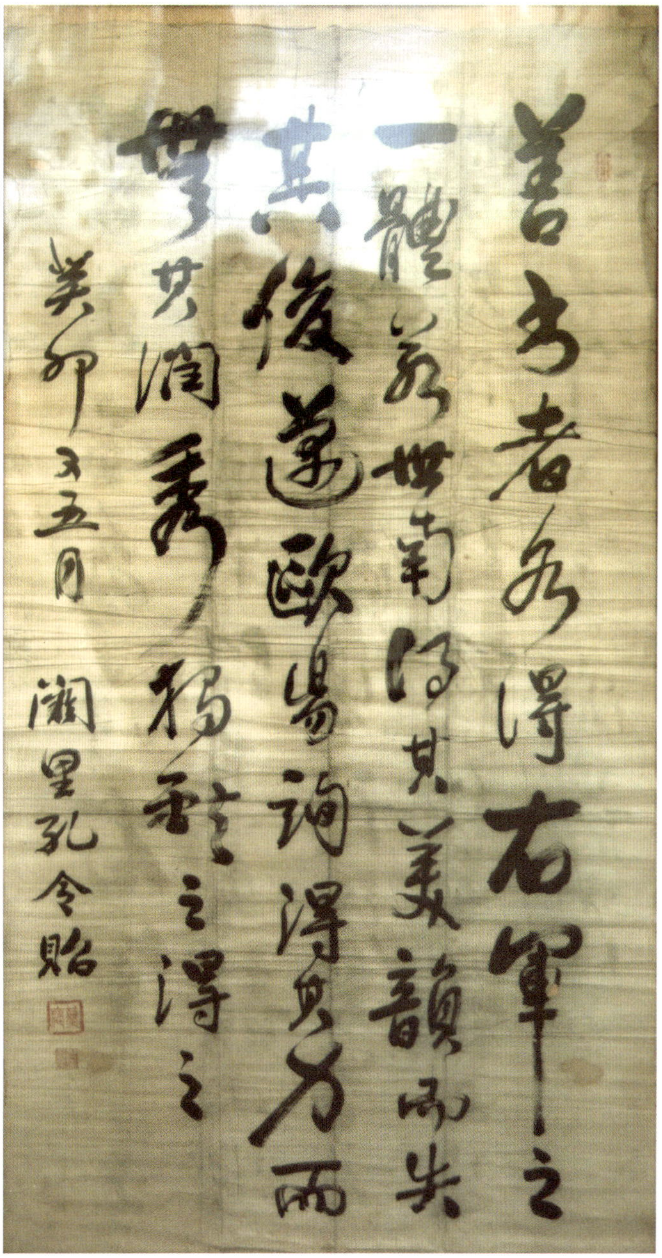

评书（节选）

（清）孔令贻书　清光绪时期

纸本墨书。此作摘自南唐后主李煜《评书》，作品苍劲雄厚，疏密有致，排列得体。右上部有一朱印“钦承圣绪”，左下部两方朱印“燕庭”“孔令贻印”。

孔令贻（1872—1919），字谷孙，号燕庭，孔子第七十六代孙。1877 年袭衍圣公。

孔子博物馆藏

藏书刻书

孔府典籍藏于孔庙的书楼之中。宋天禧二年（1018），建藏书楼。金明昌二年（1191），对藏书楼进行重建，金章宗完颜璟赐名“奎文阁”。孔庙现存奎文阁为明弘治十七年（1504）重修而成。

孔府藏书主要为旧藏古籍及雕版、碑拓和明清孔府档案。晋孝武帝太元十四年（389），皇帝颁六经于孔庙。宋真宗大中祥符元年（1008），赐孔庙经史和御制书籍2150卷。元至顺二年（1331），孔庙设司乐、管勾、典籍，增置礼乐器数及孔庙奎文阁书籍，以后历代王朝皆循此例。

孔府刻书始于宋代，金、元、明、清代有刻书。刻书活动常由衍圣公亲自主持，设多个书坊。孔府刻书先后使用过“忠恕堂”“红萼轩”“诗礼堂”“微波榭”“仪郑堂”等名称。

孔府被称为“天下第一家”。宋元丰八年（1085），孔子第四十六代孙孔宗翰编纂孔氏族谱，此为孔氏刻谱之始，距今已有近千年的历史。金正大四年（1227），阙里孔氏曾刻过孔元措《孔氏祖庭广记》十二卷，可惜原本早佚。蒙古乃马真后元年（1242），阙里孔氏又据以重雕，刀法凝重苍劲，字画精美，为蒙古时期雕版印刷的上乘之作。明天启二年（1622），孔胤植、孔弘颢等撰成《孔氏族谱》八卷，有孔府刻本。明代孔府另有衍圣公孔胤植刻书，有《孔丛子》《圣迹图》《阙里志》《圣门志》四种。

清代，孔氏自第六十三代始，至七十三代止，除了六十四代无刻书外，其余皆有刻书。时间跨度从康熙六年（1667）至光绪二十三年（1897），刻书达124种，是清代山东地区刻书最多的家族。孔氏刻书范围极广，不仅有族谱和经学典籍，还包括算书、诗文集、戏剧、法帖等，代表作品如孔毓圻康熙间刻《幸鲁盛典》、孔昭焕乾隆二十七年（1762）刻《阙里文献考》等。

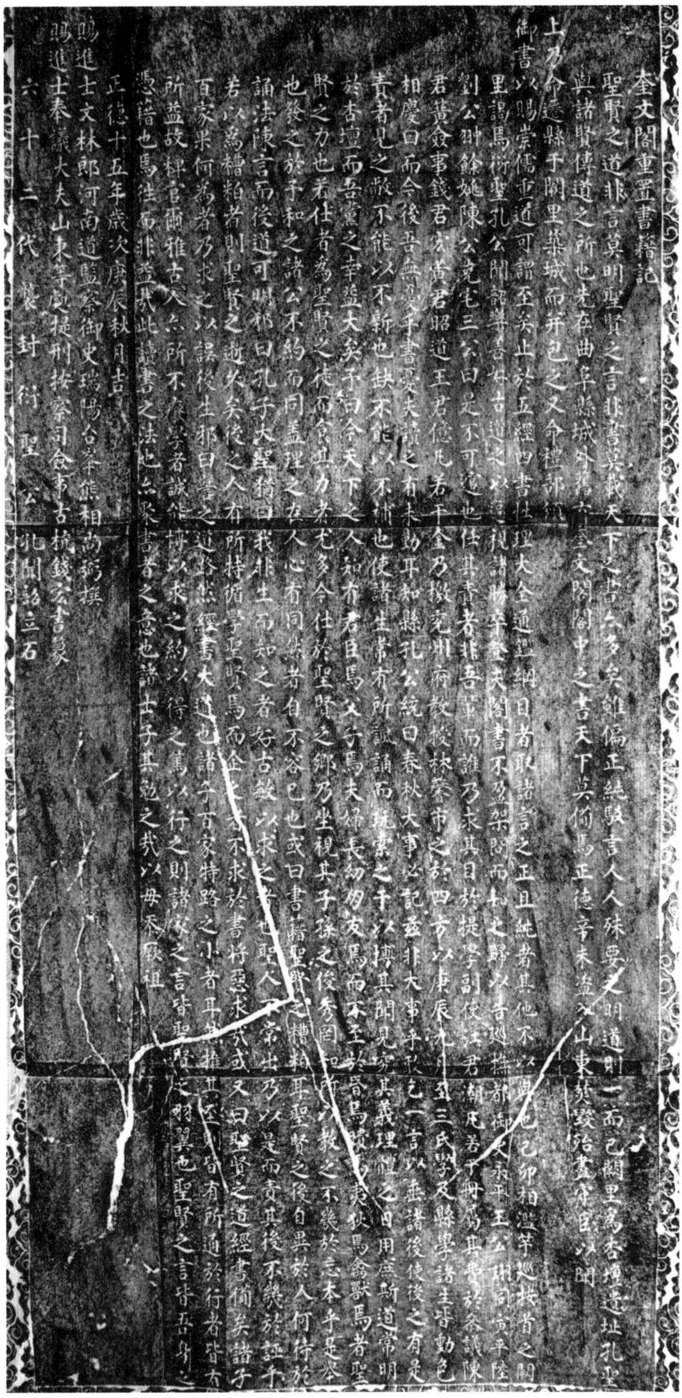

奎文阁重置书籍记

石刻位于孔庙奎文阁西侧，由孔子第六十二代孙衍圣公孔闻韶立石。据该碑记载，明正德六年（1511）奎文阁藏书毁于战火，正德十五年（1520）明武宗“命礼部颁御书以赐”，并“迁县于阙里，筑城而并包之”，以示“崇儒重道”。

奎文阁

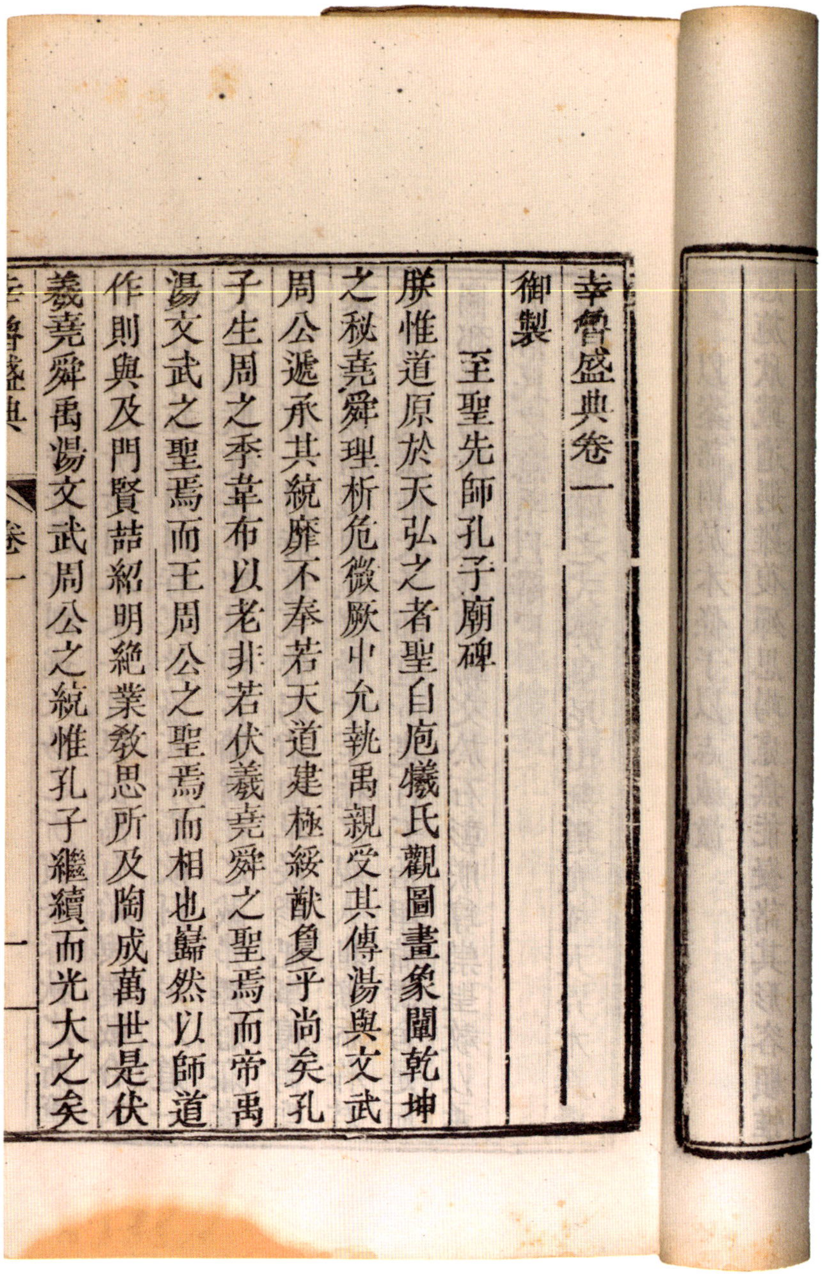

幸鲁盛典四十卷

（清）孔毓圻等纂　清康熙二十八年（1689）红萼轩刻本

孔子博物馆藏

孔府书院

依《孔府档案》所载，直接为孔府管辖的书院多达24所，分布于5省19个州县。这些书院大多因孔子及弟子、再传弟子的活动或思想影响所及之处而设。如洙泗书院，因孔子在此整理典籍，聚徒讲学而建；尼山书院，因孔子诞于尼山而立。孔子是历代尊崇的圣人，有官封爵衔，有官颁祀田，故所属书院也多为官方领衔出资兴办兴修，而且政府派员管理，按时祭祀。孔府书院建筑仿孔庙，里面供奉孔子及先贤、先儒。书院中的讲学内容为一般的正统儒学，四书五经等。尼山书院、洙泗书院及邹县的子思书院更偏重于纪念与祭祀功能。孔府著名书院还有春秋书院、石门书院、圣泽书院、崇德书院等。

洙泗书院

41

尼山书院

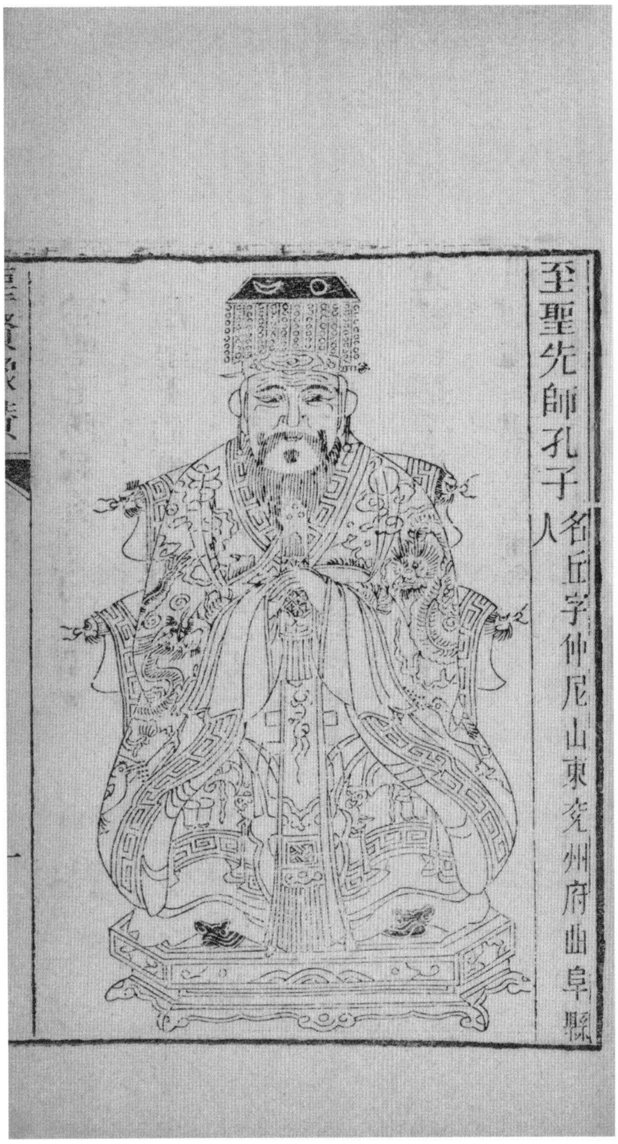

圣贤像赞三卷首一卷

（明）吕维祺编 （清）孔宪兰重辑 清光绪四年（1878）曲阜孔宪兰会文堂刻本

“画像赞”即将圣贤人物画像配以赞、颂、传等与像主相关的文字，用以宣传圣贤人物思想。孔子是本书所收的第一个人物。孔宪兰为孔子第七十二代孙，同治元年（1862）举人，官新泰县训导，他曾对本书进行增补。

孔子博物馆藏

圣贤的足迹
智者的启迪

孔府珍藏文献展图录

Shengxian de Zuji
Zhizhe de Qidi

Kongfu Zhencang Wenxianzhan Tulu

第六单元

万世师表

Wanshi Shibiao

历代追谥

孔子去世后，鲁哀公在凭吊孔子的诔辞中称孔子为“尼父”，这是孔子获得的最早官方敬称。汉平帝元始元年（1）追谥的“褒成宣尼公”，是孔子获得的首个谥号。后世的历代统治者不断向孔子赠谥，公、侯、王、师、圣，西夏仁宗甚至追谥孔子为“文宣帝”，以示对孔子的尊崇和对儒家文化的认同。其中，元大德十一年（1307）追赠的“大成至圣文宣王”于明代被篆刻在孔子墓碑上，一直保留至今。

朝代	年代	赠谥者	谥号	封谥原因及含义
西汉	元始元年（1）	汉平帝	褒成宣尼公	孔子谥“宣”之始。“宣”出自《逸周书·谥法解》，即“圣善周闻曰宣”。汉元帝曾封孔子后人孔霸为褒成侯，食邑八百户以祀孔子。
东汉	永元四年（92）	汉和帝	褒尊侯	
北魏	太和十六年（492）	孝文帝	文圣尼父	“文圣”为谥号。
北周	大象二年（580）	周静帝	邹国公	
隋朝	开皇元年（581）	隋文帝	先师尼父	“先师”出自《礼记·文王世子》，“凡学，春官释奠于其先师，秋冬亦如之。凡始立学者，必释奠于先圣先师。”
唐朝	武德七年（624）	唐高祖	先师	隋至初唐以周公为先圣，孔子为先师。
	贞观二年（628）	唐太宗	先圣	唐太宗以孔子为先圣，颜渊配享。
	贞观十一年（637）	唐太宗	宣父	
	乾封元年（666）	唐高宗	太师	
	天授元年（690）	武则天	隆道公	
	开元二十七年（739）	唐玄宗	文宣王	唐玄宗以孔子“虽代有褒称，而未为崇峻，不副于实”，故追赠孔子为文宣王，封孔子后人为文宣公。

宋朝	大中祥符元年（1008）	宋真宗	玄圣文宣王	“玄圣”典出《庄子·天道第十三》：“玄圣素王之道也”。据《范太史集》记载，宋真宗亲临孔庙、孔林，曾欲追谥孔子为帝。次年，真宗追封孔子弟子七十二贤人为公、侯、伯等爵位。
	大中祥符五年（1012）	宋真宗	至圣文宣王	因避宋圣祖赵玄朗讳而改至圣，至圣出自《中庸》，“唯天下至圣，为能聪、明、睿知、足以有临也。”
西夏	人庆三年（1146）	西夏仁宗	文宣帝	是孔子获得的唯一一个“帝”号，表现出西夏的“崇师之意”。
元朝	大德十一年（1307）	元武宗	大成至圣文宣王	“大成”出自《孟子·万章下》，“孔子之谓集大成，集大成也者，金声而玉振之也。金声也者，始条理也；玉振之也者，终条理也。”“大成”本是古代奏乐的用语。古乐一变为一成，九变而乐终，至九成完毕，称为大成，后来引申称集中前人的主张、学说等形成的完整的体系。
明朝	嘉靖九年（1530）	明世宗	至圣先师	明世宗认为孔子有王者之道、王者之德、王者之功、王者之事，但没有王者之位，遂在大学士张璁提议下，去其王号及“大成”“文宣”之称。
清朝	顺治二年（1645）	清世祖	大成至圣文宣先师	国子祭酒李若琳提请恢复孔子在元朝时的封谥，经礼部商议，最终确定为大成至圣文宣先师。
	顺治十四年（1657）	清世祖	至圣先师	
中华民国	民国二十四年（1935）	国民政府	大成至圣先师	

汉高祀鲁

魯歲時奉祠孔子冢後世因廟藏孔子衣冠琴書至漢二百餘年不絕高皇帝過魯以太牢祠焉

穆穆廟庭

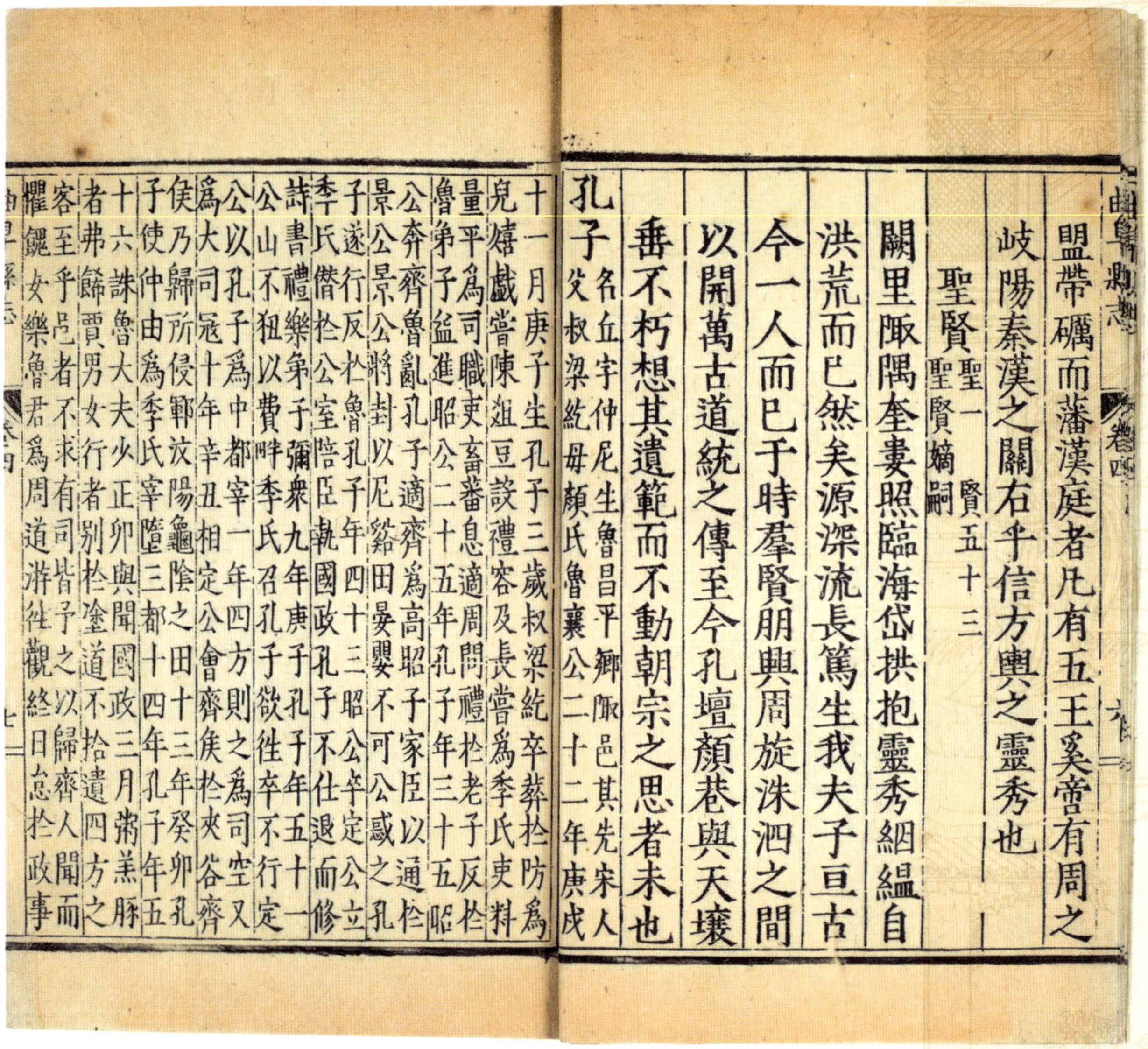

盟帶礪而藩漢庭者凡有五王奚啻有周之
岐陽秦漢之關右乎信方輿之靈秀也
聖賢 聖一 賢五十三
聖賢嫡嗣
闕里陬隅奎婁照臨海岱拱抱靈秀絪縕自
洪荒而已然矣源深流長篤生我夫子亘古
今一人而已于時羣賢朋與周旋洙泗之間
以開萬古道統之傳至今孔壇顏巷與天壤
垂不朽想其遺範而不動朝宗之思者未也
孔子 名丘字仲尼生魯昌平鄉陬邑其先宋人父叔梁紇母顏氏魯襄公二十二年庚戌
十一月庚子生孔子三歲叔梁紇卒葬扵防爲
兒嬉戲嘗陳俎豆設禮容及長嘗爲季氏吏料
量平爲司職吏畜蕃息適周問禮扵老子反扵
魯弟子益進昭公二十五年孔子年三十五昭
公奔齊魯亂孔子適齊爲高昭子家臣以通扵
景公景公將封以尼谿田晏嬰不可公惑之孔
子遂行反扵魯孔子年四十三昭公卒定公立
季氏僭扵公室陪臣執國政孔子不仕退而修
詩書禮樂弟子彌衆九年庚子孔子年五十一
公山不狃以費畔季氏召孔子欲往卒不行定
公以孔子爲中都宰一年四方則之爲司空又
爲大司寇十年辛丑相定公會齊侯扵夾谷齊
侯乃歸所侵鄆汶陽龜陰之田十三年癸卯孔
子使仲由爲季氏宰墮三都十四年孔子年五
十六誅魯大夫少正卯與聞國政三月粥羔豚
者弗飾賈男女行者別扵塗道不拾遺四方之
客至乎邑者不求有司皆予之以歸齊人聞而
懼餽女樂魯君爲周道游往觀終日怠扵政事

曲阜县志六卷

（明）孔弘毅纂修　明崇祯刻本

本书是现存最早的一部《曲阜县志》。孔弘毅，廪生出身，崇祯年间任曲阜知县达12年，重修县学，后升任东昌府通判。

国家图书馆藏

四配十哲

汉高祖刘邦过曲阜，祭祀孔子，以颜回配享。唐高宗命以颜回、曾参配享。宋神宗以孟子配享孔庙。宋度宗命增曾参、孔伋配享，始成四配，即复圣颜子、宗圣曾子、述圣子思子、亚圣孟子。唐玄宗以十哲配祭。孔庙祀典时，十人列侍于侧。后颜渊配享，升补曾参；曾子配享后，补上子张、有若和朱熹，由“十哲”改为“十二哲”，故亦有“四配十二哲”的说法。

圣门四科

阙里志二十四卷雕版

清代木刻

长 29.3cm，宽 21.2 cm，厚 1.3 cm。

孔子博物馆藏

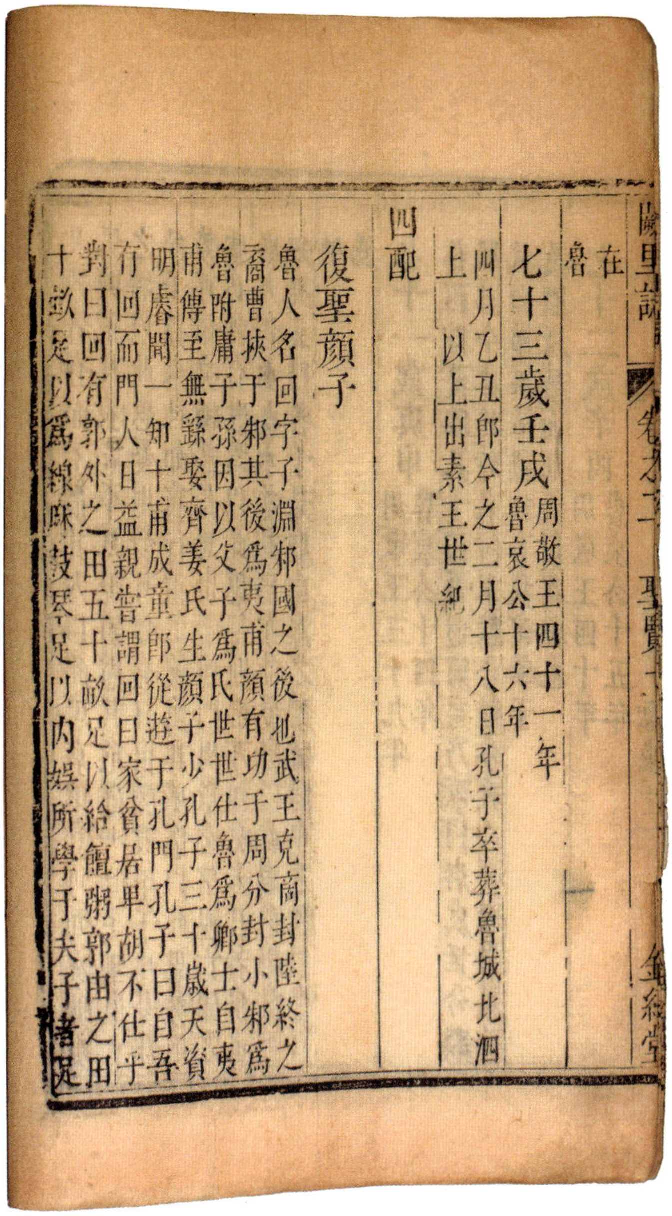

闕里誌 卷之二 聖賢 金絲堂

在

魯

七十三歲壬戌 周敬王四十一年 魯哀公十六年

四月乙丑即今之二月十八日孔子卒葬魯城北泗

上 以上出素王世紀

四配

復聖顏子

魯人名回字子淵郳國之後也武王克商封陸終之

裔曹挾于郳其後爲夷甫顔有功于周分封小郳爲

魯附庸子孫因以父字爲氏世世仕魯爲卿士自夷

甫傳至無繇娶齊姜氏生顔子少孔子三十歲天資

明睿聞一知十甫成童即從遊于孔門孔子曰自吾

有回而門人日益親嘗謂回曰家貧居卑胡不仕乎

對曰回有郭外之田五十畝足以給飦粥郭內之田

十畝足以爲絲麻鼓琴足以自娛所學于夫子者足

阙里志 二十四卷

（清）孔尚任编纂 （清）孔毓圻鉴定 （清）孔毓埏参订 （清）孔兴认监修 （清）孔贞枚督刊 清康熙曲阜孔氏金丝堂刻本

本书卷二“四配”一节介绍了“复圣颜子”等四人的生平与配享孔子的殊荣。

孔子博物馆藏

享祀千秋

孔府 孔廟 孔林

曲阜的孔庙、孔府、孔林，合称“三孔”，是我国规模最大的集庙宇、府邸、墓地于一体的庞大古建筑群，是历代纪念孔子、推崇儒学的重要场所，以丰厚的文化积淀、悠久历史、宏大规模、丰富文物珍藏，以及科学艺术价值而著称，并在布局、命名、装饰等方面反映出儒家思想的精髓，是中华文明宝库的重要组成部分，也是博大精深的中华文化的重要象征。1982年，曲阜被列为全国首批历史文化名城之一，被誉为“东方圣城”。1994年，“三孔”被联合国教科文组织确定为世界文化遗产，正式列入《世界遗产名录》。

孔庙，是祭祀孔子的庙宇，是儒家文化最具代表性的古典建筑群，以建筑时间最久远、保存最完整著称于世，被誉为“天下第一庙”。作为历代尊孔崇儒的场所，孔庙由小到大，成为一组规模宏大、气势宏伟、规格极高的古代建筑群，与北京故宫、河北承德避暑山庄并称为我国古代三大建筑群，是各地孔庙的源头与范本。

汉平帝元始元年（1）以来，除曲阜孔庙外，京城与全国各地州、府、县学所在地常会立有孔庙，如北京孔庙、南京夫子庙、吉林文庙、台南孔庙等，共计约1600座，其中保存较好的300余座。

孔庙祭孔帝王

朝代	年代	帝王
东周	周敬王四十一年（前 479）	鲁哀公
西汉	汉高祖十二年（前 195）	汉高祖
东汉	永平十五年（72）	汉明帝
	元和二年（85）	汉章帝
	延光三年（124）	汉安帝
北魏	太和十九年（495）	孝文帝
唐	乾封元年（666）	唐高宗
	开元十三年（725）	唐玄宗
后周	广顺二年（952）	后周太祖
北宋	大中祥符元年（1008）	宋真宗
清	康熙二十三年（1684）	清圣祖
	乾隆十三年至五十五年（1748—1790）	清高宗

大成殿内所悬清康熙御赐“万世师表”、光绪御书“斯文在兹”匾额。

杏坛碑亭。孔子聚徒讲学之处，现亭为明隆庆三年（1569）重建，匾额为清乾隆帝御书。

孔庙大成殿

杏坛碑刻。金代重修孔庙时所立，党怀英手书。

祭孔大典。从 1989 年开始，每年 9 月曲阜国际孔子文化节期间，都会在孔庙大成殿前的平台上举行隆重的仿古祭孔乐舞表演。

大成殿
全球联合祭孔曲阜孔庙祭孔大典
INT MEMORIAL CEREMONY FOR CONFUCIUS QUFU 2005
先师功德垂

兽面纹掐丝珐琅五供——花瓶

明代

孔府旧藏　一级文物

长方形，喇叭口，腹微鼓，方圈足外撇，四角皆有扉棱。紫铜胎，掐丝勾线填彩釉为纹。口沿、扉棱、圈足表面均镀金。口部、腹部、足部皆饰四组兽面纹，口部、足部间饰宝相花纹。座为方形，饰万字纹、曲带纹、莲瓣纹。

孔子博物馆藏

兽面纹掐丝珐琅五供——烛台

明代

孔府旧藏　一级文物

双盘连座式，盘、柱、座为方形，四角皆有扉棱。紫铜胎，掐丝勾线填彩釉为纹。盘沿、扉棱、圈足表面均镀金。双盘饰宝相花纹、曲带纹、朵云纹，盘底饰腊梅。柱、足饰变形兽面纹，间饰缠枝花卉纹。座面饰莲瓣纹、曲带纹、万字纹。

孔子博物馆藏

兽面纹掐丝珐琅五供——香炉

明代

孔府旧藏　一级文物

器呈长方形，平口、出沿，立耳，直腹，平底，兽首吞足式四足，腹及四角皆有扉棱，带盖。紫铜胎，掐丝勾线填彩釉为纹。盖钮、口沿、耳沿、足部表面皆镀金。盖顶铸狮钮，盖面镂空，盖面饰曲带纹。腹及耳部饰变形夔龙纹和变形兽面纹。座为长方形，饰万字纹、莲瓣纹、“五蝠捧寿”纹。

孔子博物馆藏

黄地彩绘缠枝牡丹纹铜胎画珐琅五供——花瓶

清雍正时期

孔府旧藏　一级文物

喇叭口，双龙形耳，长颈，鼓腹，圈足外撇，下接三圆柱形铜足。紫铜胎，通体以黄釉为地，珐琅彩绘缠枝花纹。器身饰以六道镀金凸弦纹，通体饰缠枝牡丹纹、缠枝莲纹。圈足边沿蓝色长方双框内横行红色楷书“雍正年制”款。

孔子博物馆藏

黄地彩绘缠枝牡丹纹铜胎画珐琅五供——烛台

清雍正时期

孔府旧藏　一级文物

双盘连座式，盘、柱、座均为圆形，圈足外撇，下接三圆柱形铜足，上盘中立烛插。紫铜胎，以黄釉为地，珐琅彩绘缠枝花纹，通体饰缠枝牡丹纹、缠枝莲纹。圈足边沿蓝色双方框内横行红色楷书“雍正年制”款。

孔子博物馆藏

黄地彩绘缠枝牡丹纹铜胎画珐琅五供——香炉

清雍正时期

孔府旧藏　一级文物

直口，束颈，圆腹，双立耳，圜底，三兽蹄足，下接三圆柱形铜足。紫铜胎，通体以黄釉为地，珐琅彩绘缠枝花纹。口沿饰缠枝花卉纹，正面中间有一团“寿”字，颈部及立耳饰缠枝莲纹，器腹及足饰缠枝牡丹纹，器外底中间蓝色双方框内竖行蓝色楷书“雍正年制”款。

孔子博物馆藏

粉彩双龙戏珠纹豆

清嘉庆时期

孔府旧藏

高 14.9cm，口径 18.3cm，足径 11.8cm。

豆盘呈碗状，外撇高圈足，足内中空，口沿描金，盘内珊瑚釉，器表白釉地，盘外壁饰红彩云龙纹及蓝彩云纹，足上部黄地绘牡丹、蝙蝠、红彩“寿”字，间有描金，正中红彩框金款“大成殿”，下为四垂蝠，海水江崖纹。

孔子博物馆藏

兽面纹铜爵

元元贞三年（1297）造

孔府旧藏

通长16cm，通宽8.3cm，通高23.9cm。

曲阜孔庙大成殿祭孔礼器。在祭孔释奠礼中为盛酒器。长圆腹，圜底，前流后尾，流侧有伞形柱，兽首鋬，三锥形足外撇，两面均饰兽面纹，辅以雷纹。型制淳朴。尾下铭文“大元元贞三年丁酉东平府学造”。

孔子博物馆藏

铜镫

明成化二十一年（1485）造

孔府旧藏

曲阜孔庙大成殿祭孔礼器。在祭孔释奠礼中用于盛放谷物等祭品。

器主饰雷纹、云纹。

孔子博物馆藏

铜簋

明正德十二年（1517）造

孔府旧藏

曲阜孔庙大成殿祭孔礼器。在祭孔释奠礼中用于盛放谷物等祭品。

器呈圆角长方形，器、盖子母口，圈足。两侧有兽首鋬，盖上有四个三角形的短足，器主饰兽面纹、雷纹。器盖铭文："阙里祭器　正德丁丑冬吉知府罗凤督造"，圈足铭文："知府罗凤督造"。

孔子博物馆藏

铜铏

明万历十七年（1589）造

孔府旧藏

曲阜孔庙大成殿祭孔礼器。在祭孔释奠礼中用于盛放羹等祭品。

器主饰回纹、雷纹。器盖铭文："阙里庙祭器巡抚李戴巡按傅好礼万历十七年秋八月同造"。器身铭文："万历十七年秋八月巡抚李戴巡按傅好礼同造兖州府推官杨初东督工管曲阜县事东昌府同知孔弘復同督"。

孔子博物馆藏

兽面纹铜簠

清雍正八年（1730）造

孔府旧藏

曲阜孔庙大成殿祭孔礼器。在祭孔释奠礼中用于盛放谷物等祭品。长方形，口外侈折沿，兽首形双耳，腹斜收，下有四矩形短足，器主体饰兽面纹、回纹。器盖内铭文："大清雍正庚戌年造"。

孔子博物馆藏

铜豆

清乾隆三年（1738）造

孔府旧藏

曲阜孔庙大成殿祭孔礼器。在祭孔释奠礼中用于盛放谷物等祭品。盖为子母口扣合，覆碗状盖，绳索纹捉手，柄束腰处有凸棱，喇叭形圈足，器身主体饰兽面纹、回纹、几何纹。器盖内铭文：“大清乾隆戊午年造”。

孔子博物馆藏

孔府，又名"圣府"或"衍圣公府"，是孔子嫡长子孙的衙署与住宅，位于孔庙东侧，是世界上保存最完整、历史最悠久的集官衙、宅院、家庙三位一体的典型的中式传统建筑群，千年不衰，充分体现了中国传统建筑风格和东方民居特色，被誉为"天下第一家"。

孔府起初仅有几间房屋，后世逐步扩建，现存孔府创建于明洪武十年（1377），占地面积约 7 公顷，亭、堂、楼、房共 463 间，孔府大门称"圣府门"，第二道门为"圣人之门"，八进院落，分东、中、西三路，其中东路为家祠所在地，有报本堂、祧庙等；西路为衍圣公读书、燕居、会客之所，有忠恕堂、安怀堂等；中路为主体，设有东西六厅，仿朝廷六部，并大堂五间，为衍圣公处理公务之地，规格为正一品爵位。大堂后为二堂、三堂，三堂后即内宅门，为官署与住宅区的分界处，有前上房、前后堂楼、花园等。内宅门照壁图案为"犭贪"，相传此兽生性贪婪，寓意警示子孙以此为戒。

孔府前上房。接见至亲和近支族人的客厅，也是举行家宴和婚丧礼仪的场所。中堂之上悬挂的"寿"字为慈禧亲笔。

孔府档案

明清两朝，衍圣公可向政府专折奏事，因而保留了大量表笺奏章、来往公文、礼乐典籍、谱牒、地契、账簿等，共9000余卷、25万余件，记录了从明洪武年间至1948年孔府的各项活动，反映了政治、经济、宗族、府务等方面的情况，是我国数量最多、时代最久的私家档案，对于研究中国明清史特别是明清经济史具有重要价值。孔府档案可分为七大部分，即宫廷、朝廷政治、文书类，祀典类，袭封类，宗族类，林庙管理、属员类，田产、租税、财务类，庶务、诉讼类。

为更有效地保护、利用孔府档案，1956年起，国家对这批档案进行系统性整理、抄录、修缮和出版工作。1982年，在任继愈的倡议下制成缩微胶卷，档案的保存条件也获得极大提升。2015年，孔府档案数字化项目全面启动。2016年，孔府档案入选《世界记忆亚太地区名录》。

“[犭贪]壁”，孔府内宅门照壁。

孔府花园

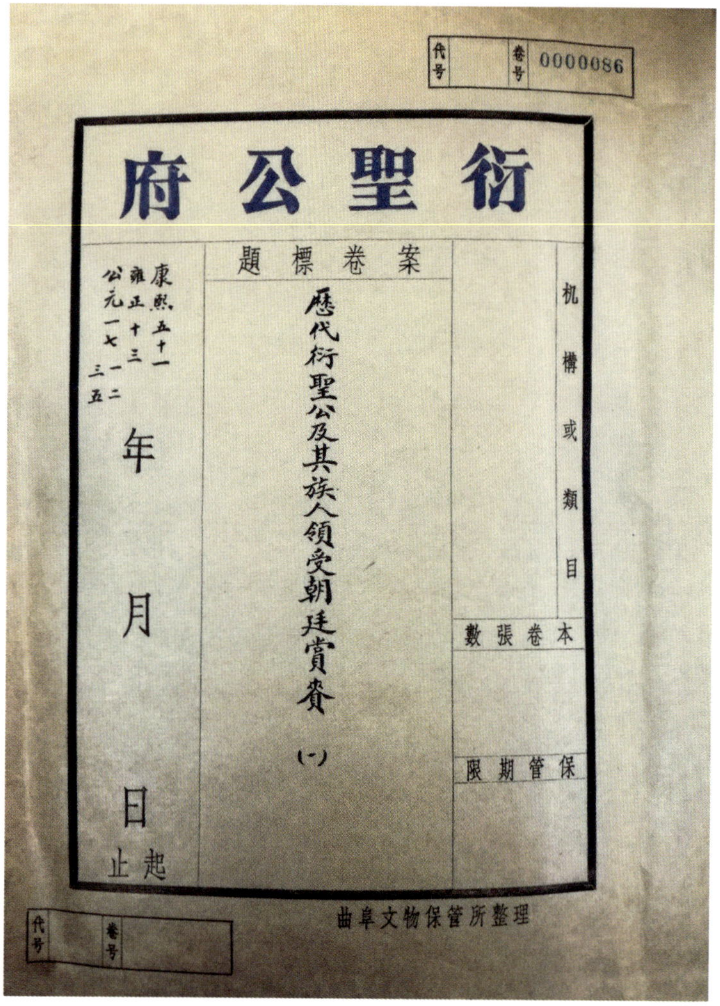

衍圣公及其族人领受朝廷赏赉

清康熙五十一年至雍正十三年（1712—1735）

纵 33cm，横 50cm。

清康雍年间，礼部奉上谕，将圣祖仁皇帝御纂各种书籍颁赐衍圣公，藏之阙里，并附颁赐阙里收藏书单、御赐书籍案簿。朝廷赏赉是朝廷礼遇圣裔的体现，以示对孔子的尊崇。

孔子博物馆藏

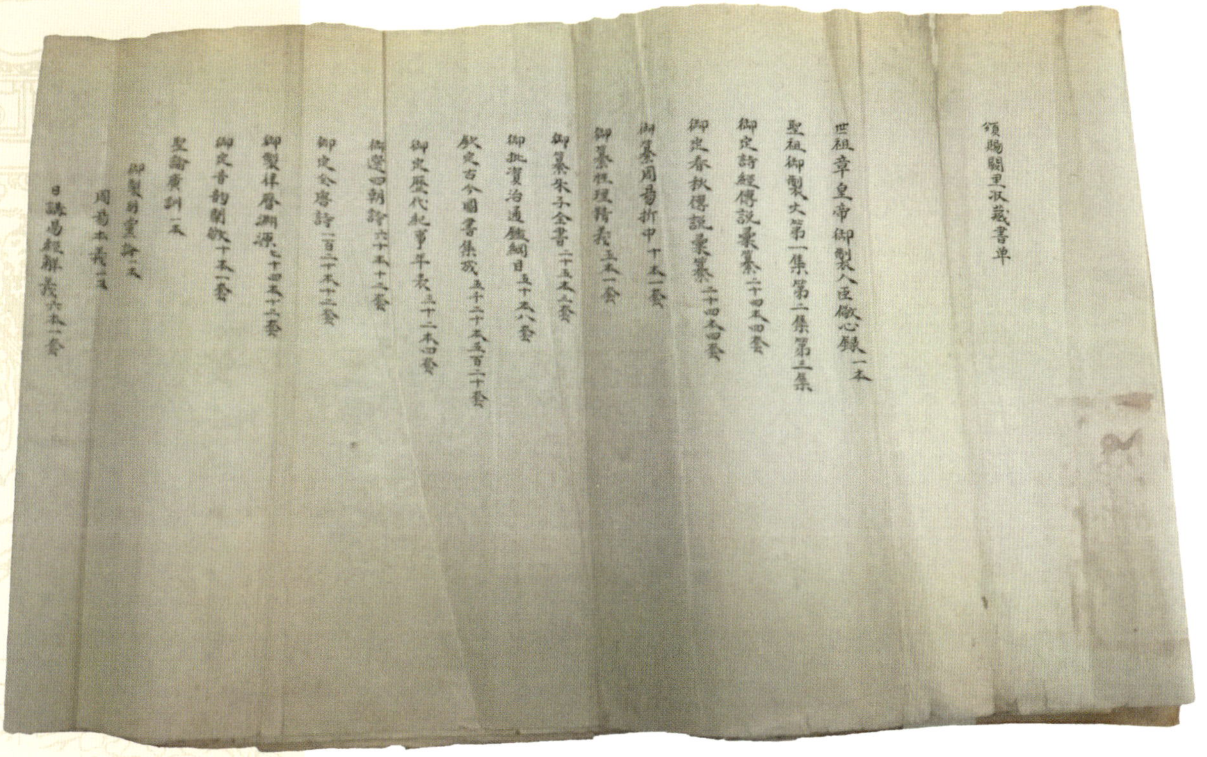

領賜闕里収藏書単
世祖章皇帝御製人臣儆心録一本
聖祖御製文第一集第二集第三集
御定詩經傳説彙纂二十四本四套
御定春秋傳説彙纂二十四本四套
御纂周易折中十本一套
御纂性理精義五本一套
御纂朱子全書二十五本二套
御批資治通鑑綱目五十本八套
欽定古今圖書集成五千二十本五百二十套
御定歷代紀事年表三十二本四套
御選四朝詩六十本十二套
御定全唐詩一百二十本十二套
御製律曆淵源七十四本十二套
御定音韻闡微十本一套
聖諭廣訓一本
御製朋黨論一本
周易本義一本
日講易經解義六本一套

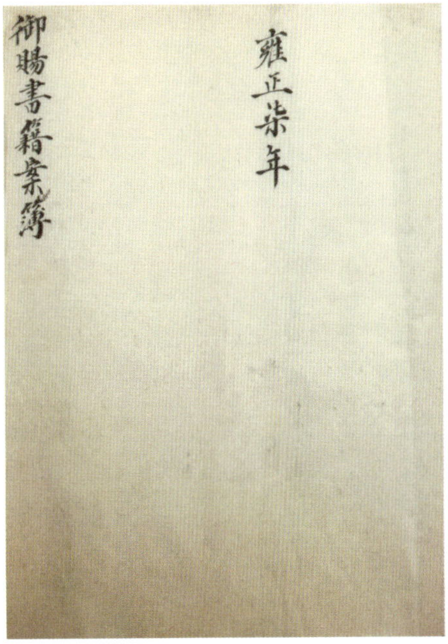

雍正柒年
御賜書籍案簿

竹雕荷蟹摆件

明代

孔府旧藏　一级文物

竹质摆件。镂雕一片翻卷欲枯的荷叶，包裹着一朵盛开的荷花、一束水草、一片小荷叶、一支含苞待放的荷花，一只螃蟹张钳立于小荷叶上。翻卷的荷叶边上栖着二只小鸟，底部还藏着两只相向的青蛙。底座木质，镂雕荷叶、荷花、莲蓬、水花等形状，宛如一小池塘，与竹雕浑然一体。

孔子博物馆藏

“袭封衍圣公府”木戳

清代

孔府旧藏

器呈长方形，木质，印面刻“袭封衍圣公府”。

孔子博物馆藏

衍圣公府征收祀银执照木牌

清木刻

长 9 cm，宽 6.8 cm，厚 1.7 cm。

衍圣公府所属佃户、庙户等不入民籍，而由衍圣公亲自管理。山东省巨野县为衍圣公祀田、佃户最集中之地，本件即衍圣公府出具的缴纳“祀银”之执照。

孔子博物馆藏

圣府劄付木牌

清木刻

长 48cm，宽 46.5cm，厚 2.5cm。

孔子博物馆藏

龙泉青瓷刻花大盘

明代

孔府旧藏　一级文物

龙泉窑瓷。敞口，腹深，内底隆起微拱，圈足。釉较厚，釉色晶莹、润泽。内壁刻饰缠枝花卉纹，内底刻饰方格纹、不规则菱形纹，外壁素面。圈足底部分无釉。

孔子博物馆藏

孔林前有洙水，背靠泗水。相传，自孔子死后被葬于泗上，后世孔氏子孙围绕孔子墓接冢而葬，为“孔林”之始。图为孔林前的万古长春坊。

孔林又名至圣林，位于曲阜城北，是孔子及其后裔的家族墓地，有坟冢10万余座，延续使用2400多年，是世界上规模最大、延时最久、墓葬最多、保存最完整的家族墓地，被誉为“天下第一林”。孔林前有洙水，背靠泗水。

相传，自孔子死后被葬于泗上，弟子们筑坟植树，为“孔林”之始。孔氏子孙围绕孔子墓接冢而葬。东汉桓帝永寿三年（157），鲁国奉敕重修孔子墓，“地不过一顷”，是为孔林初建之举。北魏太和十九年（495），孝文帝亲临曲阜祭祀孔子，下令“起园栽柏，修饰坟垅，更建碑铭，褒扬圣德”。后周广顺二年（952），太祖郭威“亲拜孔子墓”，“敕禁樵采”。宋徽宗命于孔子墓前两侧镌造石仪。元至顺二年（1331），孔林始建林墙、林门。明正统八年（1443），孔林增设文宣王孔子、泗水侯孔鲤、沂水侯孔伋墓碑各一块。弘治七年(1494)，孔林驻跸亭、林墙、门楼等获得重修，建洙水桥两座，植桧柏数百株。至明末，孔林已增扩至18顷。清康熙、雍正两朝继续扩建孔林。

目前，孔林总面积达到200公顷，孔林内有殿、堂、楼、亭60余间，历代碑碣4000余通，坟茔10余万座，古树约4万余株。

孔子墓

孔子墓

经历代修葺，孔子墓今高6.2米，坟径长约30米，占地88平方米。墓前有两座碑刻，其中后碑为金代所立，篆书『宣圣墓』；前碑为明正统八年（1443）书法家黄养正篆书，即『大成至圣文宣王墓』，其中『王』字一竖很长，最下面的一横正好被碑前的香案挡住。相传，『王』字的这种写法是为了便于皇帝祭拜，取『拜师不拜王』之意。孔子墓左为孔鲤墓，前为孔伋墓，布局取『携子抱孙』之意。

至圣林庙礼仪供应处照票木牌

清木刻

长 16.5cm，宽 12.1cm，厚 1.7cm。

本件为至圣林庙礼仪供应处出具的向所属社户、庙户、庄户、佃户征收丁银、地银的照票与票根。

孔子博物馆藏

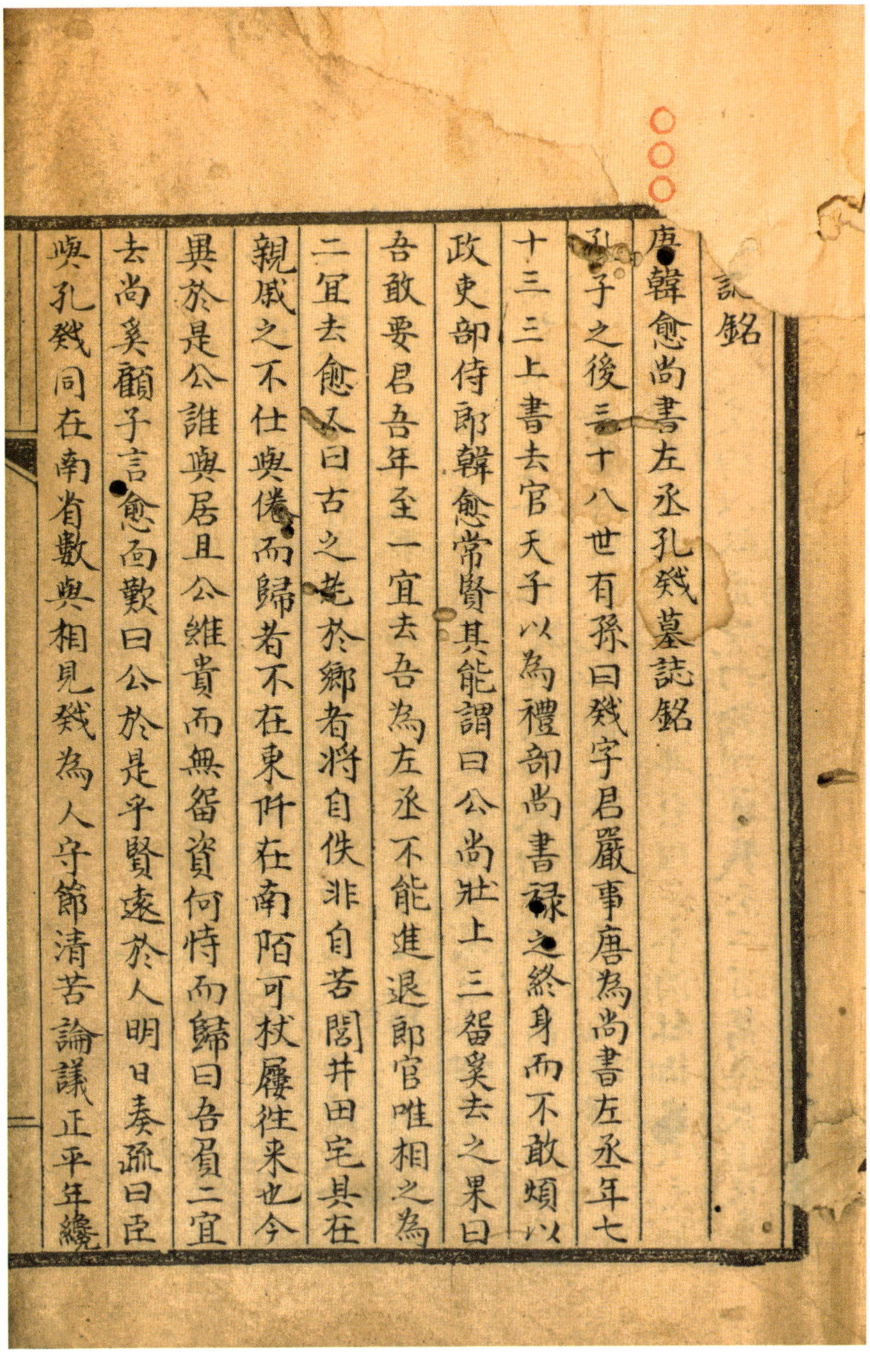
誌銘

唐韓愈尚書左丞孔戣墓誌銘

孔子之後三十八世有孫曰戣字君嚴事唐為尚書左丞年七十三三上書去官天子以為禮部尚書祿之終身而不敢煩以政吏部侍郎韓愈常賢其能謂曰公尚壯上三留奚去之果曰吾敢要君吾年至一宜去吾為左丞不能進退郎官唯相之為二宜去愈又曰古之老於鄉者將自佚非自苦閭井田宅具在親戚之不仕與倦而歸者不在東阡在南陌可杖屨往来也今異於是公誰與居且公維貴而無留資何恃而歸曰吾負二宜去尚奚顧子言愈面歎曰公於是乎賢遠於人明日奏疏曰臣與孔戣同在南省數與相見戣為人守節清苦論議正平年纔

历代衍圣公墓志不分卷

清抄本

孔子博物馆藏

圣贤的足迹
智者的启迪

孔府珍藏文献展图录

Shengxian de Zuji
Zhizhe de Qidi

Kongfu Zhencang Wenxianzhan Tulu

第七单元

保护 传承

Baohu Chuancheng

2007年1月，国务院办公厅印发《关于进一步加强古籍保护工作的意见》，正式启动“中华古籍保护计划”。“中华古籍保护计划”是新中国历史上首次由国家主持开展的全国性古籍保护工程。十年来，工程围绕“保护为主、抢救第一、合理利用、加强管理”的总方针，在古籍普查、文献修复、书库建设、影印出版、宣传推广以及人才培养等方面的不懈努力，取得令人瞩目的成果。孔子博物馆作为重要的古籍收藏单位，积极参与“中华古籍保护计划”，与国家图书馆（国家古籍保护中心）开展多项合作，取得重要成果。本次展览，采撷孔子博物馆藏数十万古籍、档案、文物之一粟，以飨众人。

孔子博物馆前身为孔府文物档案馆，在2009年入选第二批“全国古籍重点保护单位”及第一批“山东省古籍重点保护单位”。截至目前，包括宋刻本《皇朝仕学规范》、清孔广森稿本《礼仪器制考释》等在内的13部古籍入选《国家珍贵古籍名录》，47部古籍入选《山东省珍贵古籍名录》。孔府档案在2016年成功入选《世界记忆亚太地区名录》，其价值已在世界范围得到认可。

2016年11月18日，国家图书馆（国家古籍保护中心）与曲阜市文物局签署战略合作框架协议书，在孔子博物馆挂牌成立“国家古籍保护中心中华优秀传统文化实践基地”，双方在孔府文献、档案整理出版，以及古籍、碑帖普查修复等多方面展开了全面、长期合作。2017年6月，《孔子博物馆古籍普查登记目录》正式出版，主要收录1911年以前的馆藏古籍，其中善本古籍106部、普通古籍4162部。

国家图书馆（国家古籍保护中心）与孔子博物馆计划在五年内，科学、合理、高效地影印出版全套孔府档案。

2016年11月18日，国家图书馆馆长、国家古籍保护中心主任韩永进与济宁市委常委、秘书长李长胜为“国家古籍保护中心中华优秀传统文化实践基地”揭牌

孔子博物馆鸟瞰

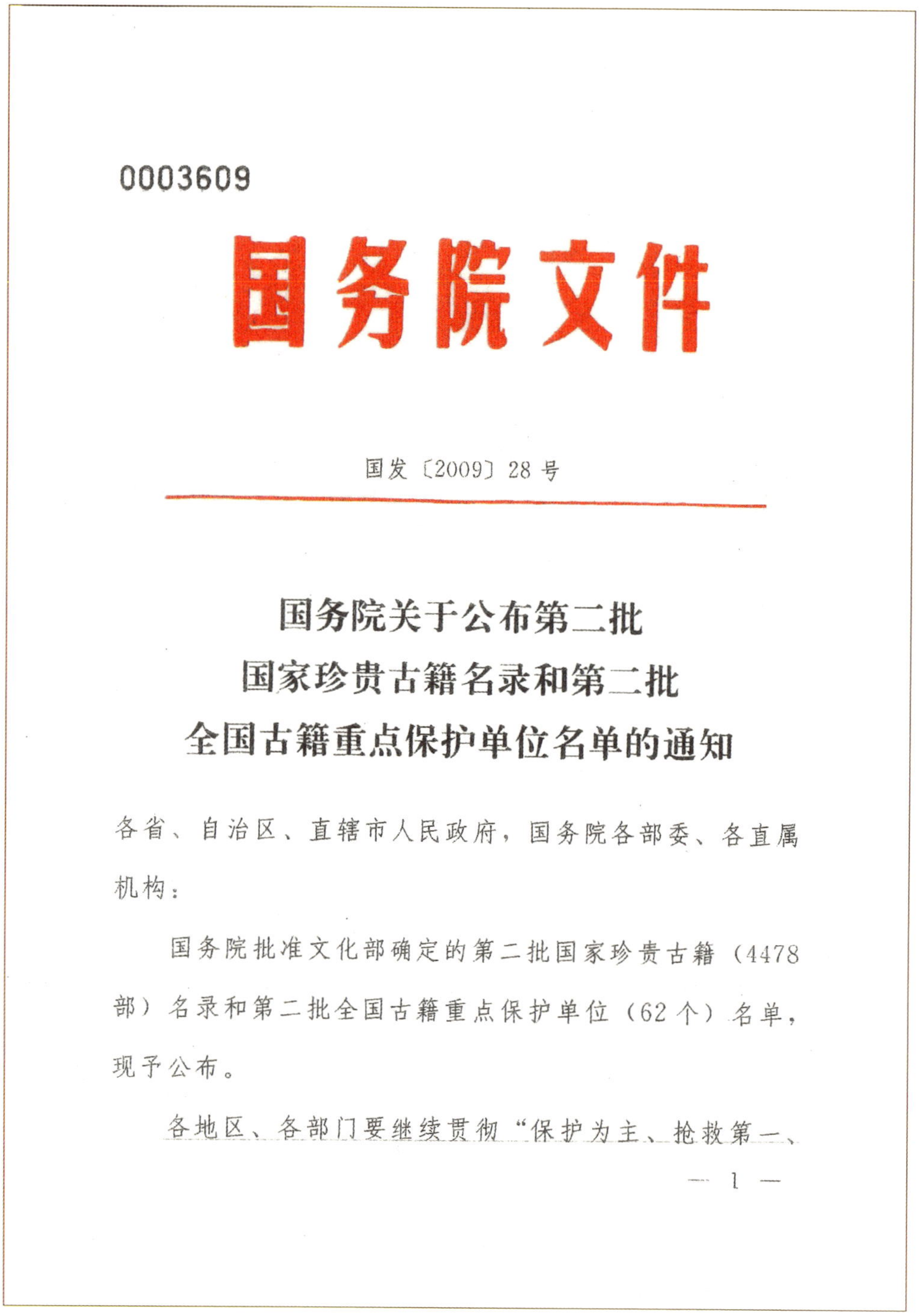

0003609

国务院文件

国发〔2009〕28号

国务院关于公布第二批
国家珍贵古籍名录和第二批
全国古籍重点保护单位名单的通知

各省、自治区、直辖市人民政府，国务院各部委、各直属机构：

国务院批准文化部确定的第二批国家珍贵古籍（4478部）名录和第二批全国古籍重点保护单位（62个）名单，现予公布。

各地区、各部门要继续贯彻“保护为主、抢救第一、

— 1 —

国务院关于公布第二批国家珍贵古籍名录和
第二批全国古籍重点保护单位名单的通知

合理利用、加强管理”的指导方针，认真总结经验，切实加大工作力度，进一步做好珍贵古籍的保护、管理和合理利用工作。

附件：1. 第二批国家珍贵古籍名录（4478部）
2. 第二批全国古籍重点保护单位名单（62个）

中华人民共和国国务院

二〇〇九年六月九日

（附件1发地方和有关部门）

— 2 —

附件2：

第二批全国古籍重点保护单位名单

（62个）

中国民族图书馆
中国社会科学院历史研究所图书馆
中国人民解放军军事科学院军事图书资料馆
南开大学图书馆
河北大学图书馆
山西省祁县图书馆
吉林省图书馆
吉林省长春图书馆
吉林省吉林市图书馆
吉林大学图书馆
黑龙江省齐齐哈尔市图书馆
哈尔滨师范大学图书馆

— 3

上海师范大学图书馆
华东师范大学图书馆
上海中医药大学图书信息中心
江苏省无锡市图书馆
江苏省南通市图书馆
江苏省镇江市图书馆
江苏省吴江市图书馆
扬州大学图书馆
浙江省杭州图书馆
浙江省温州市图书馆
浙江省嘉兴市图书馆
浙江省绍兴图书馆
浙江大学图书馆
浙江省瑞安市文物馆（玉海楼）
安徽大学图书馆
安徽师范大学图书馆
安徽中国徽州文化博物馆

4

福建师范大学图书馆
厦门大学图书馆
江西省图书馆
江西省萍乡市图书馆
山东省济南市图书馆
山东省烟台图书馆
山东大学图书馆
山东师范大学图书馆
山东省博物馆
山东省青岛市博物馆
山东省曲阜市文物管理委员会孔府文物档案馆
河南省新乡市图书馆
郑州大学图书馆
武汉大学图书馆
湖北大学图书馆
湖南师范大学图书馆
湖南省社会科学院图书馆

— 5 —

华南师范大学图书馆
暨南大学图书馆
广西壮族自治区图书馆
广西师范大学图书馆
重庆市北碚图书馆
西南大学图书馆
四川省成都图书馆
四川省泸州市图书馆
四川省南充市图书馆
四川大学图书馆
四川省成都杜甫草堂博物馆
贵州师范大学图书馆
陕西师范大学图书馆
兰州大学图书馆
甘肃省甘南藏族自治州夏河县拉卜楞寺图书馆（藏经楼）
新疆维吾尔自治区图书馆

— 6 —

主题词：文化　古籍　通知

抄送：党中央各部门，各计划单列市人民政府，中央军委办公厅、各总部、各军兵种、各大军区。
全国人大常委会办公厅，全国政协办公厅，高法院，高检院。
各民主党派中央。

国务院办公厅秘书局　　2009年6月24日印发

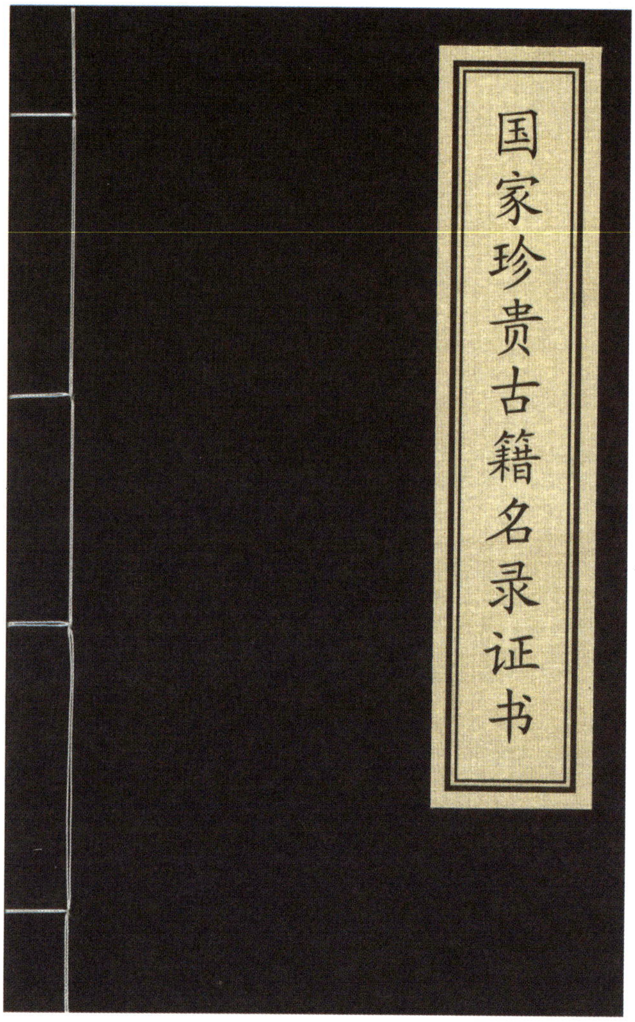

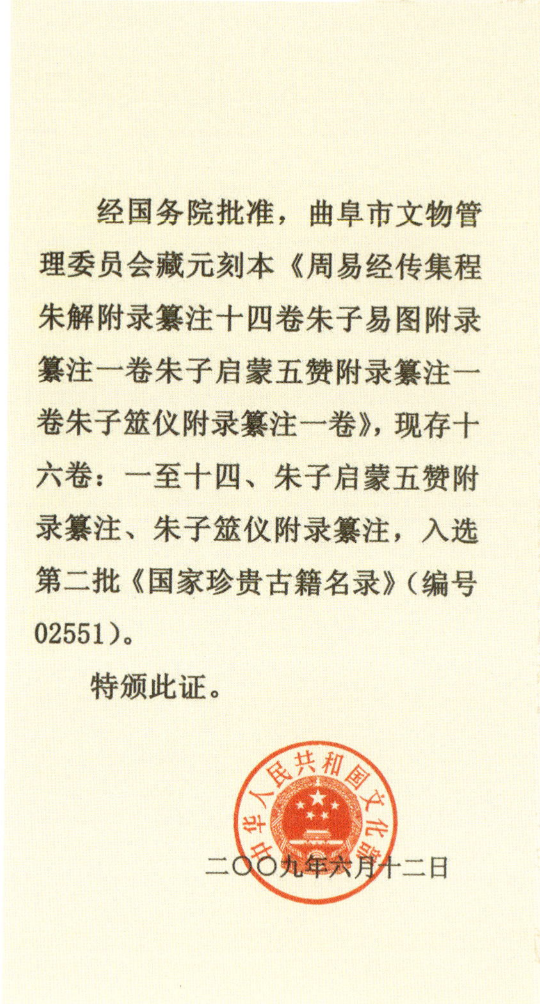

经国务院批准，曲阜市文物管理委员会藏元刻本《周易经传集程朱解附录纂注十四卷朱子易图附录纂注一卷朱子启蒙五赞附录纂注一卷朱子筮仪附录纂注一卷》，现存十六卷：一至十四、朱子启蒙五赞附录纂注、朱子筮仪附录纂注，入选第二批《国家珍贵古籍名录》（编号02551）。

特颁此证。

中华人民共和国文化部

二〇〇九年六月十二日

国家珍贵古籍名录证书

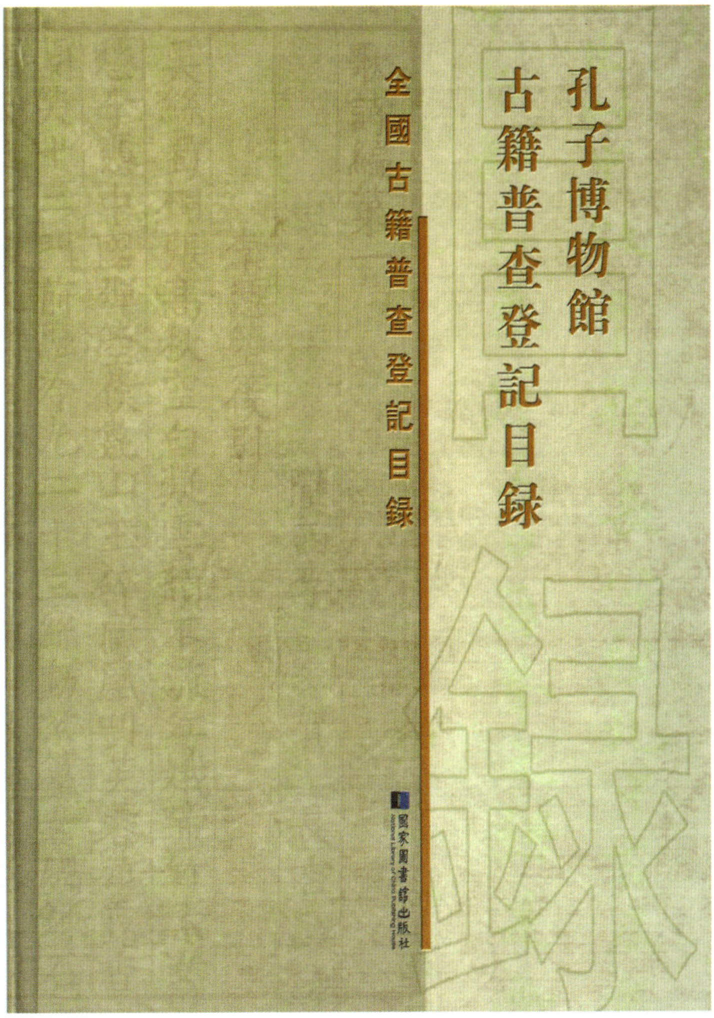

孔子博物馆古籍普查登记目录

孔子博物馆编　国家图书馆出版社　2017 年

结语

孔子创立的儒家学说以及在此基础上发展起来的儒家思想，对中华文明产生了深刻影响，是中国传统文化的重要组成部分。儒家思想同中华民族形成和发展过程中所产生的其他思想文化一道，记载了中华民族自古以来在建设家园的奋斗中开展的精神活动、进行的理性思维、创造的文化成果，反映了中华民族的精神追求，是中华民族生生不息、发展壮大的重要滋养。

——2014年9月24日习近平总书记在纪念孔子诞辰2565周年国际学术研讨会暨国际儒学联合会第五届会员大会开幕式上的讲话

图书在版编目（CIP）数据

圣贤的足迹　智者的启迪——孔府珍藏文献展图录 / 国家图书馆，孔子博物馆编．
--北京：国家图书馆出版社，2018.4
ISNB 978-7-5013-6270-7

Ⅰ．①圣…　Ⅱ．①国…　②孔…　Ⅲ．①地方文献－曲阜－图录　Ⅳ．①K295.23-64

中国版本图书馆CIP数据核字（2017）第237232号

书　　名　圣贤的足迹　智者的启迪——孔府珍藏文献展图录
著　　者　国家图书馆　孔子博物馆　编
责任编辑　王燕来
装帧设计　文化 · 邱特聪

出　　版　国家图书馆出版社（100034　北京市西城区文津街 7 号）
（原书目文献出版社　北京图书馆出版社）
发　　行　010-66114536　66126153　66151313　66175620
66121706（传真）　66126156（门市部）
E-mail　nlcpress@nlc.cn（邮购）
Website　www.nlcpress.com →投稿中心
经　　销　新华书店
印　　装　北京盛天行健艺术印刷有限公司
版　　次　2018 年 4 月第 1 版　2018 年 4 月第 1 次印刷

开　　本　889 × 1194（毫米）　1 / 16
印　　张　13.5
字　　数　180 千字

书　　号　ISBN 978-7-5013-6270-7
定　　价　280.00 元